Für meine Eltern

Murmeltiere

Leonhard Thoma

Illustrationen: Jörg Saupe

Depósito Legal: M-34896-2014
ISBN: 978-84-8141-046-4

1ª edición, 3ª tirada, 2019

Editoras/Verlegerinnen: Michaela Hueber, Sophie Caesar
Redacción/Redaktion: Matthias Jäckel
Foto de portada/Umschlagfoto: Gettyimages Europa
Ilustraciones/Zeichnungen: Jörg Saupe
Diseño y Maquetación interiores/
Lay-Out Innenseiten: Conny Schmitz, Hongkong
Diseño cubierta/Umschlaggestaltung: Conny Schmitz, Hongkong
Impreso en España/Druck: Javelcom Gráfica S.L., Madrid

Murmeltiere

Die Leserin

Ein guter Schluss, ein sehr guter Schluss, denkt Lydia und schlägt das Buch zu. Keine Enttäuschung, sondern eine Überraschung, eine echte Überraschung. Eine, die zur Geschichte passt. Zu ihrem Humor.
Jetzt findet sie es schade, dass das Buch schon zu Ende ist. Sie hätte gerne noch weitergelesen, in die Nacht hinein. Aber gut. Morgen auf der Messe wird sie gleich nachsehen, ob es noch weitere Romane von diesem Schriftsteller gibt. Komisch, dass sie von ihm bis jetzt noch nichts gehört hat. Obwohl er sogar hier aus Sachsen stammt. Eine Empfehlung von ihrer Freundin Dorothé, wirklich ein guter Tipp.
Lydia bleibt auf dem Sofa liegen. In Ruhe den Tee austrinken, beschließt sie, dazu die Nachrichten im Fernsehen und dann ab ins Bett. Morgen muss sie ja wieder sehr früh raus. Die Leipziger Buchmesse im März, das große Fest der Literatur, für sie als Dolmetscherin die stressigsten Tage des Jahres.
Als sie das Buch auf den Tisch legt, fällt ihr die Sache im Zug wieder ein. Der komische Typ vorhin, der ihr schräg gegenübersaß. Was meinte der da am Ende, als sie schon ausstieg?
‚Wenn Sie zu Hause sind, schauen Sie doch mal ganz genau in Ihr Buch.'
Spinnt der, oder was? Noch auf dem Bahnsteig sah sie nach. Aber nichts: kein Zettelchen, keine Visitenkarte. Zum Glück! Beruhigt ging sie weiter, in Vorfreude auf die letzten Seiten ihres Buches. Zu Hause hatte sie die Sache schon vergessen.
Lächerlich, findet sie jetzt, eigentlich war da nichts. Der Mann vielleicht ein bisschen seltsam, aber harmlos. Warum hatte sie sich während der Fahrt nur so aufgeregt?

Der Typ nervte, was glotzte er sie die ganze Zeit an? Lydia versuchte, sich wieder auf das Buch zu konzentrieren. Der Roman war großartig, sie hatte ihn am Wochenende nur so verschlungen. Fast wäre sie gestern schon fertig geworden, so knapp dreißig Seiten fehlten ihr noch. Deshalb hatte sie das Buch heute mit zur Arbeit genommen. Eine halbe Stunde hin, eine halbe zurück, das würde vielleicht genügen.

Mit etwas Glück in der S-Bahn: einen Sitzplatz und möglichst keine quatschenden Nachbarn. Sonst konnte sie sich einfach nicht konzentrieren.

Am Morgen hatte es nicht so richtig geklappt. Platz gab es, für normale Messebesucher war es noch zu früh. Die Linie 5 war aber auch die Strecke zum Flughafen, deshalb saßen da wieder mal einige Geschäftsleute, die unbedingt in ihr Handy brüllen mussten. Lydia kam nur vier, fünf Seiten weiter.

Auf der Rückfahrt sah es besser aus. Platz am Fenster, die S-Bahn fast leer. 17 Uhr, die Literaturfans hatten noch volles Programm, die Business-Leute waren noch auf Dienstreise. Sofort schlug Lydia das Buch auf, sie konnte es kaum erwarten.

Aber dann dieser Typ! Saß ihr gegenüber und sah immer wieder zu ihr herüber.

Okay, er hatte sich nicht aufdringlich zu ihr gesetzt, sondern umgekehrt. Er saß schon, sie hatte sich den Platz ausgesucht. Ihr kurzer Blick, er hielt eine Zeitung in der Hand. Auch ein Leser, hatte sie gedacht, umso besser. Lederjacke, Jeans, sicher kein Geschäftsmann, der gleich sein Handy zur Konferenz herausholt. Irgendwie kam er ihr sogar bekannt vor. Von der Messe? Ziemlich unwahrscheinlich. Mit seinem kleinen Rollkoffer wohl eher ein Reisender vom Flughafen.

Anfangs sah er kurz auf, ein freundliches Lächeln, ein leises ‚Hallo'. Das fand sie okay. Dass die Leute in der S-Bahn meistens nur noch autistisch in die Luft starren, ist ja auch irgendwie komisch. Ungeduldig hatte sie ihr Buch aufgeschlagen und in aller Ruhe ein paar Seiten gelesen.

Aber irgendwann bemerkte Lydia seinen Blick, an der Zeitung vorbei, zu ihr herüber. Auf ihr Buch, auf sie, zum Fenster hinaus, dann wieder in die Zeitung und dann das ganze Spiel wieder von vorne.

Mein Gott, das nervte! Sie kannte das, war ja nicht das erste Mal. Und sie wusste auch, was zu tun war. Ganz wichtig: einfach nicht aufschauen, nicht in seine Richtung. Blickkontakt nutzen diese Kerle sofort aus. Als Aufforderung zu einem Smalltalk. Diese plumpen Phrasen: Auch gerade angekommen? Auch auf dem Weg nach Leipzig? Oder die intellektuelle Variante: Was lesen Sie denn da? Ist das gut?

Nein, dachte sie, da konnte er lange warten und glotzen, sie würde ihm keine Chance geben!

Auf ihr Buch konnte sie sich allerdings auch nicht mehr konzentrieren. Sie legte es neben sich und sah aus dem Fenster: Vororte, schon im spätwinterlichen Abendlicht. Das Fenster spiegelte ein wenig. Sie konnte ihn sehen, ohne dass er es bemerkte.

Inzwischen hatte er die Zeitung sogar zusammengefaltet und beugte sich ein wenig vor. Keine Frage, wenn sie ihm die kleinste Gelegenheit gab, würde er gleich anfangen.

Mein Gott, dachte sie, können einen diese Kerle nicht in Ruhe lassen, nicht einmal in der S-Bahn!

Plötzlich fiel ihr das mit dem Handy ein. Machte sie sonst nie im Zug. Aber jetzt eine gute Lösung, fand sie. Einfach telefonieren. Sie zögerte einen Moment, tippte dann auf „Dorothé“. Es klingelte einige Male, dann endlich die Stimme der Freundin, ein bisschen überrascht, um diese Uhrzeit.

„Ach, Lydia, was gibt’s denn?“

Tja, gute Frage, eigentlich nichts, aber dann fiel Lydia zum Glück das Buch ein. Sie bedankte sich für den tollen Tipp. Nein, sie sei noch nicht ganz durch, aber fast. Und schon sehr gespannt, wie die Geschichte ausgehen würde. Die beiden würden doch noch zusammenkommen, oder etwa nicht?

„Hey, ganz ruhig, wart's ab, ich verrate da nichts", lachte Dorothé und verabschiedete sich schon wieder, sie sei in einer Besprechung. Und das war gut so, denn den Schluss wollte Lydia eigentlich noch gar nicht wissen. Das Handymanöver war auch nicht mehr nötig. An der Station *Leipzig MDR* stieg eine ganze Menge Leute zu, eine Frau setzte sich neben Lydia und machte dieser nervigen Situation allein mit dem Typen ein Ende. Der hatte offenbar schon aufgegeben, sich zurückgelehnt und wieder seine Zeitung in die Hand genommen.

Na also, freute sich Lydia, geschafft! Nur noch eine Station bis *Connewitz*. Dort aussteigen, kurz einkaufen und schnell nach Hause. Und dann mit einem Tee auf dem Sofa endlich das Buch zu Ende lesen.

Die S-Bahn fuhr ein, Lydia steckte das Buch in ihre Tasche und stand auf. „Verzeihung", sagte sie und blickte den Mann kurz an. Jetzt konnte ja nichts mehr passieren. Seltsam, er kam ihr wirklich bekannt vor. Aber woher?

„Bitte", meinte er und rutschte höflich zur Seite. Wieder dieses freundliche Lächeln, wie am Anfang. Sie lächelte zurück, vorsichtig, aber die Gefahr war vorbei. Dann plötzlich seine Hand auf ihrem Arm. Nur ganz leicht.

„Verzeihen Sie mir, dass ich Sie anspreche. Aber wenn Sie zu Hause sind, dann schauen Sie doch mal ganz genau in Ihr Buch."

„Ich muss aussteigen", zischte sie zurück und drängte energisch an ihm vorbei. Die Sekunden, bis die Türen aufgingen, kamen ihr ewig vor. Endlich das Piepsen. Nur raus hier. Auf dem Bahnsteig drehte sie sich nochmal kurz um. Sein Lächeln durch das Fenster, er schien ihr sogar zuzuzwinkern.

Was soll das jetzt bitte?, dachte sie, aber nun konnte es ihr egal sein, der Zug fuhr weiter.

Trotzdem: Was hat er da gesagt? Hatte der etwa was in ihr Buch gekritzelt? Oder was reingelegt? Seine Nummer oder schöne Grüße von irgendeiner Sekte? Konnte eigentlich nicht sein. Sie hatte das Buch doch immer in der Hand gehabt, oder zumindest im Blick. Der Anruf bei Dorothé fiel ihr ein, vielleicht hatte sie da mal kurz nicht aufgepasst.

Noch auf dem Bahnsteig zog sie den Roman aus der Tasche. Sie checkte die leeren Seiten vorne und hinten, durchblätterte das ganze Buch. Nichts. Zum Glück. Erleichtert ging sie los, gespannt auf das Ende der Geschichte.

Lydia nippt an ihrem Tee und nimmt das Buch wieder in die Hand. Wirklich eine tolle Geschichte. Hoffentlich gibt es noch mehr von diesem Autor, da wird sie morgen gleich recherchieren.

Vielleicht steht ja was im Buch, fällt ihr ein, irgendwelche Informationen auf den Innenseiten des Umschlags.

Sie schlägt es noch einmal auf. Vorne sind nur die Zusammenfassung der Geschichte und ein paar Pressestimmen, aber hinten vielleicht.

Tatsächlich, eine kurze Liste, dazu Angaben zum Autor, ein Foto ...

Oh nein, denkt Lydia, das darf doch nicht wahr sein!

Rösels Revolte

So geht das nicht weiter, dachte Armin Rösel. So kann das nicht weitergehen. Etwas muss geschehen.
Samstagmorgen, er lag noch im Bett. Da wollte er gerne noch eine Weile bleiben. Noch ein bisschen weiterschlafen, dann die Zeitung aus dem Briefkasten holen und Kaffee machen (gerne auch für seine Frau) und schnell wieder zurück ins Bett. Ganz gemütlich! Später raus zum Bäcker, um Brötchen und Brezeln zu kaufen (natürlich für die ganze Familie) und in aller Ruhe auf der Terrasse frühstücken. Danach ein Spaziergang im Wald, ein Buch auf dem Sofa, ein Film im Fernsehen. Solche Sachen. Was man halt so macht, nach einer anstrengenden Woche im Büro. Das ist doch wirklich nicht zu viel verlangt.
Und doch völlig unmöglich! Er war nicht frei, nie konnte er tun, was er wollte. Die ganze Woche arbeitete er hart, aber der eigentliche Stress begann am Wochenende. Alle wollten etwas von ihm. Im Büro hatte er nur einen Chef, zu Hause hatte er drei: seine Frau Katja und seine Kinder Clara und Fabian.
Heute erwartete Katja, dass er sie zum Einkaufen ins Stadtzentrum begleitete. Gleichzeitig sollte er aber vormittags noch den Rasen mähen, den alten Fernseher zum Wertstoffhof bringen und Fabian bei den Mathe-Hausaufgaben helfen. Ach ja, und ein bisschen netter sein. Das hatte sich seine Frau auch noch gewünscht.
Fabian hatte ihm gestern schon erklärt, dass er heute auf keinen Fall seine Mathe-Hausaufgaben machen würde. Er müsste sich schließlich auf sein wichtiges Fußballspiel vorbereiten. Eine Art Finale, bei dem ein richtiger Vater eigentlich nicht fehlen durfte. Dieser – also Herr Rösel – sollte allerdings heute auch noch unbedingt Fabians Skateboard reparieren.
Seine Tochter Clara musste ins Schwimmbad, und zwar mittags wegen ihrer Freundinnen und Sandro. Vorher brauchte sie aber noch dringend einen neuen Bikini, vor allem wegen Sandro.

Außerdem fand Clara, dass Herr Rösel eigentlich ihren Hausaufsatz schreiben könnte (*Ansichten eines Clowns*, dein Thema, Papa).
Das war die Familie, aber noch nicht alles. Sein Kollege Fischer lud ein zum „Umzugsfest“ (zuerst ein paar Kisten, dann Kaffee und Kuchen). Vorgestern hatte dann auch noch sein Cousin Franz angerufen. Echt gute Freunde aus London wären am Wochenende in München und da könnte Herr Rösel ihnen doch kurz die wichtigsten Sehenswürdigkeiten zeigen: Marienplatz mit Rathaus, Frauenkirche, typischer Biergarten und/oder typische Kneipe etc. Keine Sorge übrigens, die Freunde hätten wahrscheinlich schon ein Hotel.
Herr Rösel lag immer noch im Bett und versuchte, das Ganze zu koordinieren: Wenn er jetzt aufsteht, schnell den Rasen mäht, danach seine Frau wegbringt, Franz anruft, dann Clara und den Fernseher holt, dann Fabian, dann Fischer ... oder vielleicht: zuerst Fernseher und Katja, dann Schwimmbad und später mit den Londonern zu Fabians Fußball? Oder zum Umzug? Aber was verdammt war mit dem Bikini? Und dem Marienplatz? Und dem Skateboard?
Nein, dachte Herr Rösel, das ging nicht. Nicht so und nicht so. Das konnte er ihnen gleich sagen. Seiner Frau, den Kindern und all den anderen.
Er sah zu seiner schlafenden Frau neben sich, er sah zum Telefon. Das bedeutete jetzt: Erklärungen, Proteste, Diskussionen. Den ganzen Morgen lang. Wozu eigentlich? Musste das sein? Dieses ganze anstrengende Gerede.
Er sah aus dem Fenster. Der Garten, die Sonne, der Wald, die Wolken ... und plötzlich hatte er einen Plan: Nee, entschied er, nicht mit mir! Keine Lust! Wisst ihr was? Ihr könnt mich mal! Ich mach’ mich aus dem Staub. Jawohl!
Mit anderen Worten: Armin Rösel beschloss zu verschwinden. Nein, nicht für immer. Um Gottes Willen! Nicht wie im Fernsehen.

Er wollte ja nicht mit Kanonen auf Spatzen schießen. Er hatte gar keine Lust, Koffer zu packen und Abschiedsbriefe zu schreiben. Er wollte nur seine Ruhe haben, einen Tag lang. Weg sein. Handylos. Unerreichbar.
Keine Kanone, nur ein Schreckschuss. Eine kleine Notiz würde genügen: „Bin unterwegs. Bis dann. Tschüss." Nichts Dramatisches.
Er stand auf, zog sich an und ging runter in die Küche. Auf dem Esstisch lagen zwei Zettel. Einer von seiner Frau: „Fischer hat angerufen (23 Uhr). Erwartet morgen Rückruf. Dringend! Bitte sechs Croissants und drei Mohnbrötchen. Und denk an den Fernseher. Und an mich."
Der andere von seiner Tochter. „Bitte um elf Uhr wecken. Und vorher nicht laut Rasen mähen."
Herr Rösel musste grinsen. Nur keine Sorge, er wird nicht laut Rasen mähen. Auch nicht leise …
Er nahm einen der Zettel, schrieb seine kleine Nachricht auf die Rückseite und legte den Autoschlüssel auf den Tisch. Dann schloss er leise die Haustür hinter sich und holte sein Fahrrad aus der Garage.

Armin Rösel verbrachte einen wunderbaren Tag. Zuerst fuhr er durch den Wald ins nächste Dorf, trank dort eine feine Latte macchiato in einem sonnigen Straßencafé, kaufte Zeitung und Proviant und radelte dann gemütlich weiter bis zum See. Dort sprang er sofort ins herrlich frische Wasser (in Unterhose, die Badesachen hatte er vergessen), um sportlich eine große Runde zu schwimmen. Danach am Strand ein leckeres Picknick und schließlich ein verdientes Schläfchen im Schatten. Später ging es weiter zu einem Biergarten unter Kastanienbäumen, genüsslich trank er dort eine Halbe Bier. Und noch eine. Warum nicht?

Kurz, ein herrlicher Ausflug. Herr Rösel war glücklich, sogar doppelt glücklich. Wie soll man das erklären? Glücklich, weil der Wald so grün war, der See so erfrischend und das Bier so kühl. Aber der Wald war noch grüner und das Bier noch kühler, wenn er an zu Hause dachte.

Das war nicht nur ein Ausflug heute, das war eine Demonstration. Sein privater Freiheitskampf, seine persönliche Revolte. Gegen seine Familie, gegen seine Freunde. Gegen alle.

„Bis dann. Und Tschüss." Das war schon ein saftiger Denkzettel! Die würden sich wundern zu Hause! Sicher hatten die drei lange geschlafen, ihn dann überall gesucht, und jetzt vermissten sie ihn schon.

Weit und breit kein Brötchenholer, kein Chauffeur, kein Gärtner. Jetzt würden sie sehen, wie das ist, wenn das „Mädchen für alles" mal nicht da war: kein Frühstück, keine Klamotten, kein Taxi.

Zuerst würden sie sich wahrscheinlich fürchterlich aufregen, und dann ... dann ginge ihnen endlich ein Licht auf: Wie wichtig Papa für sie war, denn ohne ihn ging gar nichts. Und dann würden sie anfangen zu warten, bange zu warten. Und wenn er schließlich wieder nach Hause käme, würden sie ihm um den Hals fallen. Erleichtert, dankbar, Papa, Papa.

Das wird ihnen eine Lektion sein, frohlockte Rösel und leerte sein Glas. Er sah auf die Uhr, schon fast fünf, allmählich konnte er zurückfahren. Er brauchte sie nicht länger auf die Folter zu spannen. Er war schon neugierig auf ihre Gesichter. Sehr neugierig.

Keiner zu Hause, dachte Rösel zuerst. Nur die Zettel lagen noch auf dem Tisch. Klar, wahrscheinlich suchten sie ihn längst. Am Ende hatten sie vielleicht schon die Polizei alarmiert. Oh Gott, das hatte er auch nicht gewollt! Die Revolte sollte privat bleiben.

Die Terrassentür stand offen. Draußen lag jemand im Sonnenstuhl. Seine Frau! Na Gott sei Dank! Erleichtert tappte er nach draußen.

Sie lag da, im Bikini, Sonnenbrille im Haar, Augen geschlossen.
„Schatz?“
Ganz leicht bewegte sie sich, ohne die Augen zu öffnen.
„Ach, Armin, du bist’s. Setz dich doch.“
Er setzte sich vorsichtig. Ihre Augen blieben geschlossen.
„Wo ... wo sind denn die Kinder?“
„Och, keine Ahnung. Clara ist oben, glaube ich, oder warte mal, vielleicht auch unterwegs. Schwimmen, glaube ich.“
„Ohne Bikini?“
„Aber wieso denn ohne Bikini? Sie hat doch mindestens fünf oben im Schrank.“
„Ach so. Und Fabian?“
„Aber Liebling, der hat doch sein Fußballmatch heute. Samstagnachmittag.“
„Ja schon, aber wie ist er da hingekommen?“
„Ach Schatz, was weiß ich? Kevin hat ihn abgeholt, glaube ich.“
„Und du?“
„Ich was?“
„Wolltest du nicht zum Shoppen in die Stadt heute?“
„Ach ja, stimmt, aber ich habe dann lieber ausgeschlafen. Heute ist sowieso zu viel los in der Stadt. Ist doch viel schöner hier im Garten. Diese Ruhe.“
Sie drehte sich ein wenig in seine Richtung.
„Ach ja, Schatz, Franz hat vorhin nochmal angerufen. Diese Freunde aus London kommen doch nicht. Tut ihm schrecklich leid.“
„Soso.“
„Ach ja, und der Fischer hat auch nochmal eine Nachricht hinterlassen. Der Umzug ist erst morgen. Er erwartet dich um elf.“
„Aha.“
Sie öffnete ein Auge.
„Und Schatz, was hast du denn heute schon gemacht?“

„Ich habe … ich bin …“
„Entschuldige Liebling“, unterbrach sie ihn, „möchtest du vielleicht einen Kaffee?“
„Ja, warum nicht, gerne … also ich bin heute mal …“
„In der Küche müsste noch welcher sein. Holst du ihn dir?“
Er nickte.
„Also ich bin vorhin …“
„Ach, bring mir doch auch einen mit. Das wäre ganz lieb. Schwarz, und nur ein bisschen Zucker.“
Sie lächelte, wieder mit geschlossenen Augen.

Der Vogel

Vor dem Augsburger Zoo stand eine lange Schlange. Kein Wunder, es war Sonntag und schönes Wetter. Sie mussten warten, aber kein Problem. Der Vater hatte eine Zeitung und konnte die Fußballergebnisse lesen. Seine kleine Tochter hatte eine Brezel, und es gab viele Kinder.
Ein kleiner Vogel landete neben ihr und kam näher.
„Was ist das?“, fragte das Mädchen.
Der Vater sah kurz zu ihr.
„Na was wohl? Ein Vogel. Das weißt du doch, Filipa“, antwortete er ein bisschen ungeduldig und las neugierig weiter. Der FC Augsburg hatte gewonnen, und er wollte alles über das Spiel wissen.
Der Vogel hüpfte noch ein bisschen näher und sah Filipa an.
„Ja“, sagte sie und zupfte ein Stückchen von ihrer Brezel, „aber wie heißt der Vogel?“
Wieder sah der Vater kurz herüber. Zu seiner Tochter, dann zum Vogel.
„Amsel, oder Meise, oder Spatz ... keine Ahnung. Einfach Vogel.“
Filipa nickte und warf das Stückchen Brezel vor den Vogel.
Der Vogel schnappte sich den Bissen und fraß ihn in aller Ruhe auf. Sie machte einen Schritt vor, der Vogel hüpfte ein Stückchen zurück. Dann ging sie zurück, und der Vogel kam wieder näher. Filipa riss noch ein Stückchen ab.
„Schluss“, sagte der Vater und steckte die Zeitung in die Tasche. „Nicht füttern, das macht man nicht.“
„Warum nicht?“
„Der braucht keine Brezel“, sagte der Vater und reichte ihr die Hand. „Außerdem sind wir gleich an der Kasse. Jetzt geht’s los. Jetzt wirst du was erleben. So viele schöne Tiere!“
Das Mädchen nickte, ließ das Stückchen auf den Boden fallen, und nahm die Hand des Vaters. Beim Weitergehen drehte sie sich noch

einmal um. Der Vogel hatte den Bissen geschnappt und flog auf einen Baum auf der anderen Straßenseite.

Der Vater hatte recht. Fünf Minuten später waren sie im Zoo. Und der Zoo war wirklich toll. Sie blieben den ganzen Nachmittag.
Sie sahen die Löwen und Tiger in ihren riesigen Käfigen, im Reptilienhaus gab es echte Schlangen und sogar ein Krokodil, und später, hinter einem großen Wassergraben, Affen, Giraffen, Elefanten. Im Aquarium sahen sie die Delfinshow und danach die große Fütterung der Seehunde.
Filipa hatte viele Fragen, und der Vater versuchte, alles so gut wie möglich zu beantworten. Er erklärte ihr, wo Afrika war, wie Schlangen gehen können, obwohl sie keine Beine haben und warum Frösche grün und nicht zum Beispiel blau sind.
Abends kamen sie müde, aber glücklich nach Hause. Und noch eine schöne Überraschung: Die Mutter hatte Pfannkuchen gemacht! Sie setzten sich alle drei an den Tisch, der Vater wieder mit der Zeitung, er konnte nicht glauben, dass der FC Augsburg wirklich gewonnen hatte.
„Na“, fragte die Mutter lächelnd, „war es schön im Zoo?“
„Ja“, sagte Filipa, „es war ganz toll im Zoo.“
„Und“, fragte die Mutter weiter, „welches Tier hat dir am besten gefallen? Die Affen? Oder die Delfine?“
Das Mädchen überlegte einen Moment.
„Der Vogel“, antwortete sie dann und biss eifrig in ihren Pfannkuchen.
„Der Vogel?“, sagte die Mutter erstaunt, „aha, und welcher Vogel? Habt ihr den Pfau gesehen? Mit dem bunten Federkleid?“
Die Mutter malte mit ihren Armen ein großes Rad in die Luft.
„Nein, nicht der Pfau. Der Vogel.“
Filipa schüttelte den Kopf und schob sich noch ein Stückchen in den Mund.

„Ach so“, lächelte die Mutter und drehte sich zum Vater. „Weißt du, welchen Vogel unser Liebling meint?“
„Nein“, sagte der Vater, ohne von der Zeitung aufzublicken, „keine Ahnung.“
Wir waren aber lange im Papageienhaus. Puh, das war vielleicht ein Lärm und eine Hitze. Nicht wahr, Schatz?“
Der Vater schüttelte zufrieden den Kopf, nahm die Zeitung und ging ins Wohnzimmer hinüber. Die Mutter folgte ihm und stellte den Fernseher für die Abendnachrichten an. Filipa blieb noch ein bisschen in der Küche und schaute zum Fenster hinaus.

Das Versprechen

„Schätzchen, ich bin stolz auf dich, richtig stolz", sagt meine Frau und legt ihre Hand auf mein Knie, dreht sich zu mir und sieht mir tief in die Augen. Zwei, drei Sekunden lang.

„Wirklich", lächelt sie, „du warst einfach großartig."

Ich mag das nicht. Überhaupt nicht. Ich halte das sogar für gefährlich. Sehr gefährlich. Es macht mir richtig Angst.

Das ist jetzt vielleicht schwer zu verstehen. Warum sollte mir meine Ehefrau nicht die Hand aufs Knie legen, in die Augen schauen und stolz auf mich sein? Warum sollte mir das Angst machen?

Na ja, ganz einfach ... weil sie dann nur eine Hand am Steuer hat. Wir sind in einen engen Tunnel auf der Stadtautobahn unter Essen, und sie fährt mindestens 110. Mindestens. Verkehr gibt es auch. Ziemlich viel für abends halb elf.

„Bitte", flüstere ich, „nicht jetzt." Ich schiebe ihre Hand vorsichtig in Richtung Handbremse. So sanft und zärtlich wie möglich. Aber meine Frau versteht das nicht. Einen Moment runzelt sie die Stirn.

„Was hast du denn, Liebling?", fragt sie.

Ich muss jetzt aufpassen. Wenn meine Frau mich oder eine meiner Gesten nicht versteht, sieht sie mich gewöhnlich so lange an, bis sie mich versteht. Das dauert manchmal sehr lange. Im Kaufhaus oder auf dem Sofa ist das kein Problem. Auf der Autobahn schon.

Ich ändere die Taktik.

„Nichts", murmle ich, „alles okay. Also ... ehm ... klar, gerne geschehen, kein Problem."

Ich bin einverstanden, ohne irgendeine Ahnung zu haben, womit ich einverstanden bin. Diese Strategie funktioniert fast immer.

Auch jetzt. Meine Frau streichelt mir zwar noch kurz über die Backe (ein Glück, denn in solchen Momenten küsst sie mich auch gern auf die Stirn!), von dort geht ihre rechte Hand aber wieder zurück ans Lenkrad. Uff! Geschafft! Sie blickt wieder nach vorne. Perfektes Timing, gleich kommt links das Einkaufszentrum und

kurz danach das blaue Schild *Mülheim-Heißen*, unsere Ausfahrt. In ein paar Minuten werden wir zu Hause sein.
Ich atme auf, alles nochmal gut gegangen. Diese riskante Aktion und davor der ganze Abend bei Effners. Jetzt kann ich mich endlich auf den Inhalt konzentrieren.
Was hat meine Frau gerade gesagt? Sie sei stolz auf mich? Warum zum Kuckuck sollte meine Frau stolz auf mich sein? Ich meine, gut, warum nicht, im Prinzip? Aber warum gerade jetzt? Ich sei großartig gewesen, hat sie gemeint. Das muss sich auf den Abend beziehen. Aber was bitte war da großartig?
Gut, ich war pünktlich heute, pünktlich und sogar ordentlich angezogen. Genau um sechs Uhr bin ich vom Schalker Fußballstadion nach Hause gekommen, um mit meiner Frau rechtzeitig um 19 Uhr 30 bei Effners in Dortmund zu sein. Die wohnen zwar nur eine halbe Stunde entfernt und zum Umziehen (‚weißes Hemd, und stecke es bitte in die Hose!') brauche ich kaum fünf Minuten, aber meine Frau hat auf 18 Uhr bestanden. Den Effners zuliebe (‚Effners erwarten und verdienen das').
Dass wir dann doch nicht um halb acht da waren, hat nicht an mir (mit weißem Hemd, und in der Hose) gelegen, sondern an dem spontanen Kleiderwechsel meiner Frau um kurz vor sieben und dem damit verbundenen Schuhwechsel um kurz nach sieben.
Trotzdem waren wir so früh, dass ich Rolf Effner noch beim Tischdecken helfen konnte, während meine Frau mit Sonja Effner schon mal einen Aperitif auf der Terrasse nahm. Herr Effner übrigens in Jogginghose, Frau Effner in einer Art Bademantel, was den ganzen Abend auch so blieb.

Also gut: pünktlich, ordentlich, hilfsbereit ... aber großartig?
„Also, dass du dein Versprechen wirklich gehalten hast. Toll! Echt, hätte ich nicht gedacht. Konsequent den ganzen Abend. Respekt!"

Aha. Irgendein Versprechen also, das ist ja schon mal eine heiße Spur. Aber was für ein Versprechen?

Etwas mit dem Essen? Stimmt, da war ich heute ziemlich diszipliniert. Bei der Pasta nur ein Extra-Portiönchen, zum Steak viel Salat und höchstens eine halbe Schale Mousse au Chocolate (nur aus Höflichkeit, ich mag dieses pappige Zeug nicht).

Aber ... ich hatte da definitiv nichts versprochen.

Trinken? Gut, könnte sein, dass ich kürzlich mal gesagt habe, dass ich mich da ein bisschen zurückhalten will. Ein kleiner Vorsatz, den sie als Versprechen verstanden haben könnte.

Aber auch da habe ich heute eigentlich kein besonderes Lob verdient. Ich bin nicht betrunken, absolut nicht. Aber ich habe auch nie protestiert, wenn Rolf die Sektflasche über mein Glas gehalten hat.

Ich probiere es wieder mit meiner Strategie.

„Na ja", sage ich, „warum nicht? Ich meine, versprochen ist versprochen."

Plötzlich liegt ihre Hand wieder auf meinem Knie. Und sie sieht mir auch wieder direkt in die Augen. Aber kein Problem, wir sind schon außer Gefahr und fast zu Hause. Wir biegen gerade in unsere Straße ein und sie fährt nur noch 60.

„Also am Anfang, als du und Rolf in der Küche wart, habe ich mir schon noch Sorgen gemacht, aber dann ... war das einfach ein wunderbarer Abend und eine tolle Unterhaltung."

Jetzt beugt sie sich doch zu mir herüber und stupst ihre Nase gegen meinen Hals. Auch das geht gut, wir sind inzwischen angekommen, und das Auto steht schon vor unserer Garage.

„Und du, du warst einfach wunderbar."

Ich nicke und ziehe vorsichtig die Handbremse.

Aha, denke ich, es geht hier also nicht um Hemd oder Hose, Salat oder Sekt, es muss etwas – sagen wir mal – „Inhaltliches" sein. Argumente, eine Meinung, eine Überzeugung. Irgend so etwas.

Auf dem Weg ins Haus versuche ich mich zu erinnern. Worum ging es eigentlich? Ich fange an, den Abend noch mal systematisch durchzugehen.

Also anfangs, als wir alle am Tisch saßen, tauchte plötzlich Gregor auf und wurde von allen begeistert und mit großem Hallo begrüßt. Sonja und meine Frau sprachen eine Zeit lang äußerst angeregt mit ihm, und auch als er wieder gegangen war, blieb er eine Weile das Thema am Tisch. So sympathisch, so gepflegt, so sportlich. Nein, ich wurde nicht neidisch. Nicht auf einen Hund.
Anschließend ging es dann noch um den Wunschhund, wie ihn meine Frau gerne hätte. Ähnlich wie Gregor, aber „ein bisschen mehr Jagdhund“, so etwas in der Art.
Moment, habe ich da vielleicht den Fehler gemacht? Im falschen Moment leichtsinnig mit dem Kopf genickt? Ein Hund zum Geburtstag?
Nein, sicher nicht. Ich kann mich sogar erinnern, dass meine Frau irgendwann resigniert geseufzt hat: ‚Na ja, da ist er stur, aber dafür hat er letzte Woche das Ledersofa geschluckt.‘
Danach ging es noch kurz um Sofas, und schon bald um Pferde. Effners jüngste Tochter Jessica möchte Reitstunden nehmen, auch weil sie später Tierärztin werden will, und Frau Effner überlegt nun, ob sie – statt strikt dagegen zu sein – nicht einfach selbst mitmachen soll. Spontan, ein Kindheitstraum, nie zu spät usw.
Und plötzlich hatte sie die Idee, dass dieses Projekt ja auch meine Frau interessieren könnte. Statt des Jagdhundes sozusagen. Zu dritt würden sie dann eine eigene Reitklasse (sicher mit Sonderpreis) bilden. So könnte man dann endlich auch die idyllische Seite des Ruhrgebiets richtig genießen.
Ich glaube, in diesem Moment wollte auch Rolf etwas sagen. Er sprach plötzlich von einem Western, den er mal im Kino gesehen hatte ... Ich denke schon, dass er damit zum Thema beitragen

wollte. Sonja Effner und meine Frau fanden aber offenbar, dass er damit – bewusst oder unbewusst – vom Thema wegführte. Vor allem konnte er sich nicht mal an den Titel des Filmes erinnern.
Na ja, jedenfalls waren wir schnell wieder bei potentiellen Reitstundengruppenermäßigungen, und weil Sonja in diesem Zusammenhang endlich mal wissen wollte, was eigentlich so ein ganzes Pferd kostet, stand plötzlich ein Laptop zwischen den Tellern.
Rolf murmelte, dass er eventuell den Titel des Westerns ergooglen könne, trug dann aber erst mal das schmutzige Geschirr in die Küche.
Auch mir war inzwischen etwas Passendes eingefallen. Eine Kindheitsanekdote. Wie unser Vater meinem Bruder und mir diese zwei wertvollen Reiter aus Holz schenkte. Einen Cowboy und einen Indianer, die wir dann als Blutsbrüder friedlich über die weiten Teppichlandschaften unseres Wohnzimmers reiten ließen. Auf diese Art und Weise beendete mein Vater sehr pädagogisch die brutalen Kriege, die wir Kinder vorher mit Massen von billigen Plastikfiguren veranstaltet hatten.
Eine gute Geschichte, dachte ich, auch als Basis für weitere interessante Diskussionen zu Themen wie Erziehung, Pazifismus, aktuelle Krisengebiete etc., außerdem sagt meine Frau ja immer wieder, dass ich ihr viel zu wenig von meiner Kindheit erzähle.
Als ich beginnen wollte, also mit meinem Vater und dem Holz-Cowboy, erschienen im Computer gerade die ersten Ebay-Reitpferd-Angebote (‚selbstbewusster Isländer aus bestem Hause …‘), aber die Preise waren so horrend hoch, dass Sonja Effner und meine Frau ihr Interesse am Thema plötzlich verloren. Rolf räumte da schon in der Küche das Geschirr in die Spülmaschine.
Was noch? Während des Steaks ging es um Kochrezepte, und bei der Mousse au Chocolate zählte Sonja noch einmal die Gründe auf, warum Jessica Tierärztin wird. Und dann? Dann verabschiedeten wir uns schon bald, glaube ich.

Als ich mich im Wohnzimmer auf das Sofa fallen lasse, gerade rechtzeitig für die 23-Uhr-Nachrichten, habe ich immer noch keine Ahnung, warum meine Frau das vorhin gesagt hat. Ich werde es wohl nie erfahren, weil ich diese Art von Fragen wie ‚Schätzchen, liebst du mich?' oder ‚Liebling, warum liebst du mich eigentlich?' total doof finde. Fragen also, bei denen die Antwort entweder viel zu leicht oder viel zu schwer ist.

Plötzlich setzt sich meine Frau zu mir (gegen ihre Gewohnheit, normalerweise geht sie nach solchen Abenden sofort schlafen) und legt noch einmal die Hand auf mein Knie.

„Ich meine, das war sicher nicht leicht für dich. Gerade mit Rolf. Der hat ja zu anderen Themen auch gar nichts zu sagen." Sie schüttelt den Kopf. „Ich glaube, der war sogar ziemlich sauer. Das war ja schon fast demonstrativ, wie der zu allem geschwiegen hat, oder?" Sie sieht mir in die Augen und lächelt.

„Aber du, du warst einfach wunderbar."

Sie beugt sich über mich, langsam nähert sich ihr Gesicht meiner Stirn. Langsam, bis ich nur noch ihr Kinn und ihren Mund sehe:

„Aber du musst doch auch zugeben", sehe ich ihren Mund sagen, „dass so ein Abend eine ganz andere Qualität hat, eine ganz andere Dynamik, wenn die Männer mal nicht die ganze Zeit wieder nur über Fußball reden."

Der Urlaub

Daniel Peterson kommt nach Hause. Müde, aber glücklich. Der Urlaub war einfach klasse. Nicht lange, nur zehn Tage, aber ein Traum. Ein echter Traum. Voller Abenteuer, voller Überraschungen.

Morgen beginnt die Arbeit wieder, sein Job im Büro. Aber das macht nichts. Er hat sich erholt, er hat was erlebt. Neue Gesichter, neue Ideen. Neue Energien.

In der Küche schenkt er sich ein großes Glas Wasser ein. Zurück im Wohnzimmer fällt sein Blick auf den Koffer.

Alles richtig gemacht, denkt er.

Er lässt sich aufs Sofa fallen und denkt noch einmal an die Tage zurück. An den Anfang. Wie alles begonnen hat.

Zuerst, vor einem Monat, hatte er gar keine Lust auf Urlaub. Ferien? Wozu? Er wollte weiterarbeiten, sein nächstes Bau-Projekt durchziehen. Aber dann, die Freunde, die Kollegen: ‚Hey Junge, du brauchst mal 'ne Auszeit! Du musst mal raus hier. Weg, abschalten, entspannen.' Als ob er ein Workaholic samt Burnout wäre!

Aber gut, irgendwo hatten sie ja recht. Er hatte wirklich nur noch seinen Job im Kopf, ein bisschen Abwechslung würde ihm gut tun. Also sah er sich seinen Kalender an, checkte die Termine und nahm sich frei. Gleich Ende Juni, zehn Tage, das sollte genügen.

Sofort kamen Tipps von allen Seiten: Jakobsweg in Spanien, Apartment in New York, Bustour durch Island.

Mach das! ... Du musst unbedingt ... Du solltest auf keinen Fall ...

Ja, ja, schon gut, danke, danke! Das war ja alles nett gemeint. Aber ganz doof war er ja auch nicht. Also winkte er freundlich ab und setzte sich eines Abends in aller Ruhe an den Computer.

Wovon diese Reisefreaks allerdings nie sprechen: dass Urlaubsplanung auch ganz schöner Stress ist. Auch mit Internet. Oder gerade wegen des Internets. So viele Möglichkeiten, so verdammt viele Entscheidungen!

Wohin? Welcher Kontinent, welches Land? Auf Nummer sicher in Europa bleiben oder mal wirklich etwas Exotisches riskieren? Metropole oder Natur? Gebirge, Wüste oder Meer?
Und dann? Ein fixer Ort oder eine Tour quer durchs Land? Rucksack und Bus oder Mietwagen und Rollkoffer?
Jede Menge Sonderangebote und Supersparpreise. Wenn man weiß, was man will. Aber was, wenn man das nicht so genau weiß? Drei Nächte lang hatte er verglichen, kombiniert und kalkuliert, um dann wieder von vorne anzufangen.
Am Ende buchte er einen Flug ohne Schnickschnack und ein Zimmer für die ersten beiden Tage, mit Option auf Verlängerung. Hätte auch einfacher und schneller gehen können, aber okay. Das immerhin war erledigt. Für ein paar Tage hatte er wieder seine Ruhe.
Die zweite Stresswelle kam dann zwei, drei Tage vor der Abreise. Wo war eigentlich sein Pass? Und die Kamera? Und die Badehose? Und all diese Kleinigkeiten wie Sonnencreme und so weiter. Suchen und finden; oder suchen, nicht finden und kaufen; oder gleich kaufen?
Dann noch schnell einen Reiseführer besorgen, die praktischen Infos lesen und ein paar Insidertipps anstreichen. Am letzten Tag den Fahrplan zum Flughafen recherchieren, online einchecken und die Bordkarte ausdrucken. Schließlich, spätnachts vor dem Abflug, den Koffer packen: welche T-Shirts, welches Buch? Und wo zum Kuckuck sind die Sportschuhe?
Hektik bis zur letzten Minute! Frühmorgens der Wecker ... Was, schon so spät? Los schnell, raus, raus! Taxi zum Bahnhof, Zug zum Flug, Kontrolle, Gate, Abflug. Los, los, mach endlich! Raus aus dem Bett ... ahhh!

Und dann, dann plötzlich diese Ruhe! Diese Stille! Daniel erinnert sich noch genau an den ersten Tag, den allerersten Morgen.

Er wachte auf, die Sonne im Fenster, der Koffer auf dem Boden, und er in diesem großen, weichen Bett. Plötzlich diese andere Luft, dieses andere Licht. Dieses andere Gefühl. Diese Chance, ein anderer zu sein.
Aufstehen, losziehen, die Zeit nutzen! Das war sein erster Impuls. Aber dann ... warum eigentlich? Hey, Urlaub, er hatte jetzt Zeit. Er hatte frei, er war frei!
Also blieb er liegen und schlief richtig aus. Zum ersten Mal seit Wochen, seit Monaten. Erst gegen Mittag die Frage, ob er schon Lust hatte, auf eine große Aktion. Auf Ausflug, Radtour, Stadtrundgang.
Nö, dachte er, erstmal Kaffee, frühstücken. Aber nicht hier, sondern irgendwo draußen, im Freien. Er packte seinen kleinen Rucksack: Buch, Handtuch, Stadtplan, Wasserflasche. Bei Laptop und Handy zögerte er, ließ sie schließlich liegen. Dann ging er einfach los.
Schon ein paar Ecken weiter fand er ein schönes Straßencafé. Platz in der Sonne, dazu ein Cappuccino, zwei Croissants und ein Blick in die Stadtzeitung. Junge, Junge, hier war ja einiges los: ganze Seiten mit Ausstellungen, Konzerten, Theater, Kino.
Vom neuen *Museum der Moderne* hatte er schon gelesen, es musste ganz in der Nähe sein. Er fragte die Kellnerin nach dem Weg, sie kamen sofort ein bisschen ins Plaudern. Ewa, Kunststudentin aus Danzig, eine Expertin. Sehr nett, und was für ein entzückender Akzent!
„Noch einen Cappuccino", fragte sie mit Blick auf seine leere Tasse.
„Ja, gerne", antwortete er, lehnte sich zurück und schon in diesem Augenblick war er ganz sicher: Er hatte eine gute Entscheidung getroffen.

Im Museum gab es eine Ausstellung mit Fotos, Videos und Installationen. Ziemlich interessant und nicht sehr groß, genau das Richtige für den ersten Tag. Danach ging er in den großen Park

nebenan. Dort war ziemlich viel los, auf den Wiesen tummelte sich eine Menge Leute. Sonnenbad und Picknick, Sport und Spiele. Mit einem Sandwich vom Kiosk legte er sich einfach ins Gras, las in seinem Buch weiter, sah sich um. Zwischendurch ein kleines Schläfchen, dann wieder sein Buch, die Leute, die Bäume, der Himmel. Keine Uhr, kein Termin, kein Handyklingeln. Herrlich!
Irgendwann ging er weiter, auf der nächsten Wiese sah er Leute Volleyball spielen. Erinnerungen an die Schulzeit, er blieb stehen und schaute eine Weile zu. Schließlich fragte er – wie damals –, ob er mitmachen könne.
„Aber klar!“, war die prompte Antwort. Also zog er einfach die Schuhe aus, krempelte die Hose hoch und war dabei. Er hatte schon ewig nicht mehr gespielt, aber es machte sofort wieder richtig Spaß! Dazu dieser lustige Haufen, Studentinnen und Studenten von der Uni nebenan. Voll bei der Sache, aber nicht verbissen.
Danach gab es noch ein Bier am Kiosk. Er solle doch bleiben, sagten sie sofort, als er schon weitergehen wollte. Ja, warum nicht? Eine witzige Runde, es gab viel zu lachen. Und: Übermorgen würden sie wieder spielen. Wenn er also Lust und Zeit habe ...
Mit rotem Kopf und schmutzigen Füßen kam er abends zurück. Müde, verschwitzt, aber glücklich. Sehr glücklich. Eine schöne Dusche, dann früh ins Bett, in Vorfreude auf sein spannendes Buch und auf den nächsten Tag. Eine gute Entscheidung, eine sehr gute Entscheidung, sagte er sich wieder.

Das war der Anfang gewesen. Entspannt. Sportlich. Anders. Voller kleiner Erlebnisse. Auch am zweiten Tag keine großen Aktionen. Kein Mietwagen, kein Ausflug. Noch nicht, dachte er, in dieser Stadt gab es wirklich genug zu tun.
Am Morgen ging er einfach wieder in sein Café. Die Bar *Azzurro*, wie er inzwischen wusste. Cappuccino, Croissants und ... Ewa.

Sie fragte gleich nach dem Museum, er erzählte begeistert, auch vom Park, von seinem Match.
„Moment mal, da hätte ich vielleicht noch was für dich." Sie holte drinnen eine Karte von der Theke und gab sie ihm.
„Noch eine Ausstellung, allerdings ziemlich verrückt. Von Freunden, heute Abend ist die Eröffnung. Galerie *Locos*. Vielleicht hast du ja Lust, die freuen sich über ein paar neue Gesichter."
„Oh, vielen Dank", sagte er, „ja vielleicht, warum nicht?"
Er zögerte einen Moment.
„Und du? Kommst du auch?"
„Na klar, aber erst ein bisschen später, wenn ich hier fertig bin."
Er ging weiter, wie auf Wolken. Plötzlich so eine Verabredung. Der zweite Ferientag und schon solche Aussichten!
Schon komisch, dachte er, dass man so etwas nur im Urlaub erlebt. Im Alltag können Wochen und Monate vergehen, ohne dass da irgendetwas passiert.
Später machte er einen großen Spaziergang, immer am Fluss entlang, wieder entdeckte er ein paar schöne Plätze. Eine Bank am Ufer. Da saß er dann eine ganze Weile und las seinen Roman weiter. Wirklich ein gutes Buch. Sehr spannend, ohne ein Krimi zu sein. Kein Detektiv, kein Verbrechen, aber ein Geheimnis, das einen packte.

Der Abend in der Galerie war großartig. Als er ankam, war schon einiges los. Viele Leute, gute Stimmung. Ein kleines Büfett, Wein, Käse, Oliven. Er nahm ein Glas Weißwein und sah sich um. Bilder und Skulpturen, das meiste ziemlich originell. Oder auch verrückt. Einige Sachen gefielen ihm, andere weniger.
Plötzlich eine Hand auf seiner Schulter, ein strahlendes Gesicht, Ewa. Noch schöner als tagsüber. Küsschen auf die Wange.
„Schön, dass du gekommen bist!"
Sie schnappte ihn sich sofort und stellte ihn ihren Freunden vor.

Plötzlich war er mittendrin. Aus einer Unterhaltung ergab sich die nächste, immer wieder neue Leute, interessante Gespräche. Ewa verschwand, tauchte wieder auf, zog ihn weiter zu anderen Bekannten. Zwischendurch ein Saxofon, auch einige Songs am Klavier. Dazu reichlich Wein und am Ende, als nur noch der harte Kern übrig blieb, tanzten sie sogar. Ein rauschendes Fest bis tief in die Nacht.

Unglaublich, diese zwei Tage, dachte er, als er endlich im Bett lag, wie schnell sich das Leben verwandeln kann. Schon jetzt war er einfach nur glücklich mit seinem Urlaub, froh und glücklich. Alles richtig gemacht!

Natürlich hätte der Faden noch reißen können. Aber es ging so weiter, wie am Schnürchen.

Am nächsten Morgen schlenderte er wieder ins *Azzurro*. Na ja, nicht morgens, eher mittags, und leicht verkatert. Diesmal keine Ewa, sie hatte heute Uni und würde erst abends wieder kellnern.

Er drehte nur eine kleine Runde, zu einem Musikladen, den ihm jemand gestern Abend empfohlen hatte. Er kaufte drei, vier CDs, dann zog es ihn bald zurück ins Bett. Kein Buch diesmal, sondern eine lange Siesta.

Danach war er fit genug fürs Volleyball. Wieder machte es riesig Spaß. Beim Bierchen dann plötzlich die Schnapsidee, noch baden zu gehen.

Ein Witz, dachte er zuerst, es wurde ja schon dunkel. Aber da kannte er die Bande schlecht. Gesagt, getan. Schon saß er in einem Auto, es ging raus aus dem Zentrum, zu einer versteckten Stelle am Fluss. Das Wasser war wahrscheinlich nicht sehr sauber, aber egal, völlig egal: Klamotten aus und rein ins Vergnügen!

Danach sein Vorschlag: Ob sie noch Lust auf eine Kneipe hätten? Er wüsste da was.

Ausgerechnet er, lachten die anderen, der Neuling. Aber klar, warum nicht?
Er durfte den Weg weisen. Und Ewa staunte nicht schlecht, als da um Mitternacht der ganze Haufen fröhlich zur Tür hereinkam. Aber sie freute sich.

Ja, das war die Stimmung, der Rhythmus dieser Tage. Auch das mit dem Ausflug hatte noch geklappt. Aber nicht alleine mit Zug oder Mietwagen, sondern mit Ewa und ihrer WG-Mitbewohnerin Carla. Es ging auch nicht um irgendwelche Sehenswürdigkeiten oder Reiseführerinsidertipps, sondern einfach zu Freunden der beiden auf dem Land: Spaghetti in einem herrlichen Garten, danach ein langer Spaziergang über die Felder.
Ja, wirklich tolle Ferien! Dabei hatte er ganz am Ende sogar noch gearbeitet. Richtig geschuftet! Nein, weder am Schreibtisch noch am Computer. Nicht fürs Büro. Sondern als Barkeeper! Wirklich unglaublich.
Gestern, an seinem letzten Urlaubsabend, gab es Live-Musik im *Azzurro*, eine kubanische Combo. Die Bude würde voll sein, man suchte dringend nach Aushilfen.
„Freier Eintritt, freie Getränke und dazu noch ein kleines Taschengeld“, hatte Ewa angeboten. Mehr zum Spaß.
„Warum nicht?“, hatte er gemeint.

Daniel steht auf und holt sich noch ein Glas Wasser aus der Küche. Kaum zu glauben, das ist noch keine 24 Stunden her. Verrückt, wirklich verrückt, wie all die letzten Tage.

Dieses fulminante Finale im *Azzurro*. Sogar einige seiner Volleyballer kamen. Zuerst hatte er ziemlich viel zu tun, am Eingang und danach an der Bar. Ganz schön hektisch, aber es machte auch

Spaß. Die Musik war absolut klasse. Super Atmosphäre, die Leute tanzten zwischen den Tischen.
Nach dem Konzert wurde es dann ruhiger, und sie saßen noch eine Weile zusammen: die Volleyballer und das *Azzurro*-Team. Seine Chance, endlich eine Runde auszugeben. Geld hatte er ja jetzt, mit seinem neuen Job. Das war der Running Gag des Abends.
Schließlich, ganz am Ende, als die Stühle schon auf den Tischen standen, noch ein letztes Glas an der Bar – mit Ewa.
„Na, zufrieden mit deinen Ferien?"
Sie lächelte.
„Und mit deinem Urlaubsziel?"
„Ja, doch", grinste er. „Dabei stand das alles nicht im Reiseführer. Weder das *Azzurro* noch das *Locos* noch der Nachtbadestrand am Fluss. Und auch das Pastalokal auf dem Land nicht."
„Skandal", nickte sie, „da müsste man eigentlich eine Mail an die Redaktion schreiben, damit die ihre Tipps da mal ein bisschen aktualisieren."
„Ja, das mache ich auch, sobald ich zu Hause bin."
„Bravo", sagte sie, „und schreib ihnen auch, dass hier erholungsbedürftige hochqualifizierte Bauingenieure zu Sklavenarbeit in finsteren Spelunken gezwungen werden. Kapitel: *Achtung: Gefahren vor Ort!*"
„Oh ja, natürlich, das werde ich auch schreiben."
Sie schenkte noch einmal die Gläser voll.
„Wann geht dein Flug morgen?"
„Oh, das weiß ich jetzt gar nicht genau, da muss ich nochmal nachschauen."
Sie legte ihre Hand auf seinen Arm.
„Du, ich werde nicht mitkommen zum Flughafen. Ich hoffe, das ist okay."
„Klar", meinte er, „das habe ich auch gar nicht erwartet."

Daniel streckt sich auf dem Sofa aus und schließt die Augen.
Ja, das war wirklich ein würdiges Finale gestern. Sie haben noch sehr viel gelacht und sich erst spät verabschiedet.
Natürlich, solche Abende können auch ziemlich traurig sein. Sentimental. Plötzlich ist das Ende gekommen, alles vorbei und am nächsten Tag wieder das Leben aus Alltag und Arbeit. Man verspricht sich noch was, aber nach einer Woche ist alles schon unwirklich fern und vergessen.
Aber diesmal wird es nicht so sein. Bestimmt nicht. Es wird weitergehen. Da ist er sich ganz sicher.
Ja, das ist eine gute Entscheidung gewesen, an jenem Morgen vor zehn Tagen. Alles richtig gemacht: einfach liegen bleiben, nicht wegfahren, zu Hause bleiben. Flugticket, Zimmerreservierung? Egal, völlig egal.
Das Volleyballspiel gerade war wieder lustig. Natürlich anstrengend nach der langen Nacht. Jetzt erstmal eine Dusche, noch ein bisschen lesen und bald schlafen. Und morgen, nach dem Büro, dann Kino mit Ewa und am Montag das nächste Match im Park. Er freut sich schon. Auf alles.

Die Stimme im Auto

Der Zufall, das ist so eine Sache beim Schreiben. Natürlich braucht man ihn als Autor. Die Leser wollen ja, dass etwas passiert. Begegnungen, Überraschungen. Diese sind nicht immer sehr wahrscheinlich. Deshalb muss da ab und zu einfach ... ein Zufall her.

Erinnern Sie sich an die *Blaumacherin*? Da sitzt ein Mädchen vormittags im Café, schwänzt die Schule, keine Lust auf Unterricht, keine Lust auf die doofe Mathelehrerin, da geht plötzlich die Tür auf ... und genau diese doofe Lehrerin kommt hereinspaziert! Sehr wahrscheinlich ist das nicht, aber durchaus möglich. Also warum nicht? Als Autor darf man so etwas erfinden. Viele Geschichten leben davon.

Allerdings hat es der Zufall immer schwerer: Die Städte werden immer größer und unsere Leben immer anonymer. Wie soll man sich da noch zufällig über den Weg laufen? Gleichzeitig wird alles organisierter, vernetzter, nichts bleibt mehr dem Zufall überlassen. Aber es gibt ihn noch. Zum Glück! Und er ist immer noch gut für kleine Wunder oder zumindest witzige Überraschungen.

Deshalb: ein Lob auf den Zufall! Das sage ich als Mensch und als Autor.

Allerdings muss man ihn beim Schreiben dosieren. Zu viele Zufälle, das geht natürlich nicht. Das akzeptiert kein Leser. Wichtig ist da auch, dass der Zufall nicht zu oft „aus dem Nichts“ kommt. Da muss sich schon vorher etwas andeuten, damit die Geschichte glaubwürdig bleibt.

Warum zum Beispiel sollte die brave Hausfrau ausgerechnet am Tag des Banküberfalls eine Pistole in der Handtasche haben, mit der sie den Räuber am Ende ganz cool in die Flucht schlägt? Das wäre doch ziemlich lächerlich. Wenn der Autor aber die Story in der Karnevalszeit spielen lässt und erwähnt, dass die Frau vorher noch ein Geschenk für ihren Neffen besorgen musste, dann sieht die Sache völlig anders aus. Dann fragt sich keiner mehr: „Hey, wo

kommt denn plötzlich die Pistole her?", dann sagt jeder: „Ach ja, klar, die Frau war ja vorhin im Spielzeugladen."
Noch besser fände ich übrigens, um ganz ehrlich zu sein, wenn die Hausfrau selbst die Bank überfällt, mit dieser Spielzeugpistole. Das wäre allerdings noch viel schwerer zu erklären ...
Wie auch immer. Was für einen Schriftsteller jedenfalls stets hilfreich ist: Wenn etwas wirklich so passiert ist. Dann muss man nichts erfinden, die Handlung ergibt sich automatisch. Und den skeptischen Lesern („Was soll das denn? Das gibt's doch gar nicht!") kann man gelassen antworten: „Sorry, so war es halt."
Dann müssen sie das so akzeptieren. Eigentlich. Und doch kenne ich bei der nun folgenden Geschichte mindestens einen, der mir das nicht glaubt. Absolut nicht. Schon damals nicht, als es passierte, und wenn er jetzt das Buch zufällig liest, wahrscheinlich auch nicht.

Ostermontag. Unser Familientreffen, zu Hause bei meinen Eltern in der Nähe von Augsburg, geht gerade zu Ende.
Mein Bruder ist mit seinen beiden Töchtern über das lange Wochenende aus Holland gekommen, ich bin für eine Woche aus Spanien eingeflogen. Nur meine Schwester aus London ist nicht da. Sie ist freie Künstlerin und arbeitet als Sprecherin in Tonstudios. Dort synchronisiert sie Filme und Werbespots, und in dieser bunten Welt der Medien sind Osterferien einfach nicht eingeplant. Also konnte sie nicht kommen. Schade, sie und ihre Familie haben uns natürlich gefehlt. Aber vielleicht klappt es ja im Sommer wieder.
Trotzdem hatten wir lustige Tage. Das Wetter war ganz ordentlich für April. Nur am Samstag regnete es, aber kein Problem, der Nachmittag war sowieso für unseren traditionellen Kinobesuch reserviert. Diesmal war es besonders spannend: der neue James Bond in 3D.

Im Kino dachte ich einen Moment an meine Schwester. Es gibt doch diesen Bond-Film mit dem sprechenden Sportwagen. Meine Schwester hat mal erzählt, dass sie fast die Auto-Stimme für die deutsche Version gemacht hätte. Leider nur fast. Das wäre natürlich sehr witzig gewesen.
Na ja, der neue Bond, *Skyfall*, war auf jeden Fall spektakulär und hatte endlich auch wieder eine gute Story. Dazu wie immer jede Menge Popcorn für meine Nichten und danach alle zusammen in ein schönes Café.

Die tolle Zeit ist nun vorbei und heute, am Ostermontag, müssen wir alle wieder abreisen. Aber immerhin der schöne Zufall, dass unsere Flüge fast gleichzeitig starten: 18.20 Amsterdam und 18.50 Barcelona. Die Holländer und ich, wir können also noch zusammen zum Flughafen fahren und die nervige Wartezeit nach dem Check-in gemeinsam in ein munteres Ferienfinale verwandeln.
Von Augsburg zum Münchner Flughafen gibt es einen sehr praktischen Transfer-Service. Das funktioniert wie ein Sammeltaxi. Die Leute werden per PKW oder Kleinbus zu Hause abgeholt und dann zusammen zum Flughafen gebracht. So ein Ding haben wir also bestellt, und da wir zu viert sind, gehört uns das Auto ganz allein. Wie ein Taxi, nur viel billiger.

Der Wagen ist pünktlich da, herzlicher Abschied von meinen Eltern, von *Bayern-Oma* und *Bayern-Opa*, wie meine Nichten sie nennen. Alles wunderbar, wir sind bester Laune. Wie gesagt, wir hatten wieder tolle Tage, mit einem improvisierten Karaoke-Abend zum Abschluss.
Noch kurz winken, dann geht es los. Der Fahrer ist nicht unfreundlich, allerdings schon bald etwas genervt von unserer fröhlichen Bande. Er ist wahrscheinlich ganz andere Fahrgäste gewohnt: stumme Geschäftsleute, die sich profimäßig anschweigen, bemüht,

die lästige Fahrzeit in Qualitytime zu verwandeln. Laptop, Smartphone, diskret geflüsterte Business-Gespräche ins Handymikro. Wir dagegen sind ganz unprofessionell ziemlich laut, die Mädels stimmen sogar noch einmal unseren Wochenendhit an, Paolo Contes *Azzurro* in einer kreativen holländisch-italienischen Mischversion. Ich sitze auf dem Beifahrersitz, Fremdschämen kommt nicht in Frage, aber ich schaue doch ab und zu vorsichtig zu unserem Fahrer hinüber. Vielleicht wird seine Laune auch immer schlechter, weil er offenbar den Weg nicht kennt. Die Strecke von unserem Dorf bis zur Autobahn. Uns fragen will er nicht. Das wäre vielleicht gegen die Chauffeursehre.
Jedenfalls fummelt er schon bald leise fluchend („blödes Kaff!") an der kleinen schwarzen Box neben dem Lenkrad herum. Schließlich startet das GPS, schon sind wir der rote Pfeil in einem gelben Straßennetz.

Vielleicht darf ich an dieser Stelle kurz unterbrechen, um schnell etwas zu diesen GPS-Geräten zu sagen: Ich meine, das sind schon tolle Dinger, oder? Da steckst du voll im Schlamassel, in der Altstadt von Neapel, am Stadtrand von Paris oder sonst wo. Auf jeden Fall total verloren, und plötzlich sagt dir eine freundliche Stimme im allerschönsten Hochdeutsch: „Fahren Sie nach hundert Metern rechts, dann im nächsten Kreisverkehr die dritte Ausfahrt und dann immer geradeaus." Das ist schon irre, finde ich.
Der strukturierte Bildschirm mit dem Pfeil ist bereits unglaublich, aber am meisten fasziniert mich diese Stimme! Immer freundlich, immer souverän. Auch im allergrößten Chaos!
„Ganz ruhig, Junge, wir holen dich hier raus." Das sagt sie zwar nicht, aber das spürt man.
Und niemals Fragen oder Vorwürfe! Wenn du sie rufst in deiner Not, kein: „Was zum Teufel machst du denn da?" Nein! Die Stimme holt dich ab, wartet auf dich, führt dich sicher zum Ziel.

Und diese Geduld! Selbst wenn du mal nicht gehorchst, kein: „Rechts habe ich gesagt, nicht links, du Idiot!“ Nichts! Sie wartet einen Moment, widerspruchslos, kritikfrei und dann in aller Ruhe: „Bei der nächsten Gelegenheit umkehren und ...“

Ich meine, wo gibt es das heutzutage noch? Kein Stress, auch wenn du den größten Mist baust. Keine Aufregung, sondern einfach eine neue Lösung. Nur Toleranz, Verständnis, Sympathie. Da ist jemand, der es gut mit dir meint. Schimpft nicht, brüllt nicht, sondern führt dich sanft und sicher auf den rechten Weg zurück.

Ich finde, das hat etwas Therapeutisches. Ich kann mir gut vorstellen, dass es Leute gibt, die das Ding einschalten, auch wenn sie den Weg bestens kennen. Und ich glaube sogar, dass es Leute gibt, die sich mal mit Absicht verfahren, obwohl sie den Weg bestens kennen.

So, das war jetzt ein kleiner Exkurs, ein Umweg sozusagen. Aber nun zurück zu unserer Geschichte.

„*Links abbiegen, und dann auf der Hauptstraße weiter geradeaus*“, meint der Apparat.

Na also. Schon ein wenig entspannter lehnt sich unser Fahrer zurück. Jetzt müssten wir noch etwas leiser sein, damit man diese wunderbare Stimme besser hören kann.

Auch das klappt, *Azzurro* ist abgesungen, plötzlich herrscht Stille. Mein Bruder nutzt die Chance zu einem kleinen Schläfchen. Die Mädchen scheinen mit ihren Smartphones beschäftigt, jedenfalls schweigen sie. Ich höre, wie der Fahrer auf- und durchatmet. Ein Augenblick der Ruhe und des Friedens, dann passiert es.

„*Bei der nächsten Kreuzung rechts abbiegen*“, empfiehlt die Stimme freundlich und völlig korrekt.

„Tante Gigi“, sagt die Kleine hinten plötzlich.

Komisch, denke ich, wie kommt sie jetzt gerade auf meine Schwester?
„*Dann weiter geradeaus. Links halten.*"
„Gigi. Tante Gigi!" wiederholt sie, ziemlich hartnäckig. Ihre große Schwester fängt daneben zu kichern an.
Ach so, denke ich, vielleicht haben sie eine SMS von ihr bekommen. „Küsschen aus London" usw.
Aber nein. Ich sehe mich um. Die Kleine hat ihr Handy gar nicht an, sondern zeigt aufs Lenkrad. Auch mein Bruder hat jetzt die Augen wieder offen.
„*Nach 200 Metern links abbiegen.*"
Die beiden Mädchen lachen jetzt beide los, mein Bruder und ich sehen uns fragend an.
„Gigi! Gigi!"
„*Dann geradeaus.*"
Verdammt, natürlich! Jetzt haben's auch wir kapiert. Die Stimme, die da spricht, aus dieser kleinen schwarzen Box, das ist ... unsere Schwester!
„*Bei der nächsten Kreuzung ...*"
Jetzt lachen und lärmen wir alle vier.
Wirklich, das ist ihre Stimme! Sehr sachlich, sehr neutral, aber sie ist es. Wahnsinn! Am Ende ist sie doch noch bei uns, bisschen ernst zwar, aber sie muss uns ja auch gut und sicher zum Flughafen bringen. Große Schwester halt.
Ich sehe zum Fahrer hinüber, stupse ihn sogar kurz und kumpelhaft ans Knie. Diese Sensation müsste jetzt eigentlich das Eis brechen, das wird auch er superlustig finden.
„Sie werden das nicht glauben, aber das da", ich zeige auf sein schwarz glänzendes GPS-Gerät, „das ist unsere Schwester!"
Er schaut mich an, sieht an mir herunter, kneift die Augen zusammen.

„Schon gut", sagt er, „Sie sind ja noch gar nicht angeschnallt. Bitte legen Sie sofort den Gurt an."
Okay, denke ich, ist ja auch kaum zu glauben. Und den Gurt habe ich tatsächlich vergessen.
„Gigi, Gigi", kommt es nun von hinten, wie ein Fan-Chor im Fußballstadion.
Wir lehnen uns alle vor, warten auf die nächste Ansage, („*Links halten*") und schon glucksen wir alle wieder los. Verrückt, wirklich verrückt!
Aber warum auch nicht? Ich habe ihre Stimme schon aus dem Munde amerikanischer Bodybuilder-Frauen gehört (Werbespot für Fitnessgeräte), auch als Jeanne d'Arc in einem *Arte*-Historiendrama, und in Amsterdam führte sie uns mal als alleswissender Audio-Guide durch eine Van-Gogh-Ausstellung (früher hat sie das gerne auch live mit uns gemacht). Also warum nicht auch GPS?
„Ich weiß", versuche ich es noch einmal, ich will den Mann jetzt unbedingt auf unsere Spaßseite ziehen. „Das ist wirklich ein wahnsinniger Zufall. Aber das ist wirklich unsere Schwester. Die macht das beruflich. Echt. Ehrlich."
„Gigi, Gigi", brüllt wieder der Sprechchor von hinten.
Der Fahrer reagiert zuerst nicht. Er sieht nach vorne, runzelt die Stirn, presst die Lippen zusammen. Viel Verkehr Richtung Autobahn. Klar, er muss sich jetzt voll konzentrieren.
„Machen Sie sich keine Sorgen", sagt er plötzlich leise, „ich bringe Sie zum Flughafen. Pünktlich. Kein Problem."

Die drei auf der Rückbank beugen sich gespannt nach vorne, als käme vielleicht noch eine persönliche Botschaft. Irgendwie würde man sich nicht wundern, wenn die Stimme jetzt sagen würde: „Jungs, ihr habt wieder mal die Blumen für Mama vergessen" oder „Darlings, was habt ihr euch Schönes für das Ostertaschengeld gekauft?"

„Rechts die Autobahnauffahrt nehmen, dann 80 Kilometer geradeaus."
Okay, Wunder darf man auch nicht erwarten. Das Leben ist kein James-Bond-Film. Aber die Anweisungen sind auch so sehr witzig, vor allem, wenn man weiß, dass Orientierung im Straßenverkehr nie die Spezialität meiner Schwester war. Und jetzt diese souveränen Durchsagen. Großartig! Aber das war's dann auch, jetzt auf der Autobahn wird sie nicht mehr viel zu melden haben. Unser Fahrer schaltet sogar ab. Bye-bye Schwesterchen! Klar, die Autobahn, das ist nun sein Ding. Die fährt er wahrscheinlich jeden Tag dreimal.
Jetzt hätte er sicher ein offenes Ohr, denke ich. Ich könnte noch einmal mit unserer Schwester anfangen. Das Ganze in Ruhe erklären, mit ein paar Anekdoten dazu. Aber ich lasse es. Ich will ihn auch nicht nerven. Kapiert hat er es ja, und dass er diesen Zufall gar nicht so sensationell findet ... was soll's?

Hinten ist nun Ruhe, wir vorne unterhalten uns ein bisschen. Ich stelle ihm Fragen, so halb persönlich, das funktioniert immer. Ich frage ihn nach Prominenten, die er schon gefahren hat.
Nicht so viele, meint er, aber neulich mal den Günter Grass zu einer Universität. Freundlicher Mensch, der habe ihm sogar eine seiner Pfeifen geschenkt.
Er zögert.
Da kommt noch was, denke ich.
„Und so vor drei, vier Jahren, als ich noch Taxifahrer in München war ..." Er sieht zu mir herüber, plötzlich leuchten seine Augen, er legt mir sogar kurz die rechte Hand aufs linke Knie.
„Das werden Sie mir jetzt nicht glauben. Aber stellen Sie sich vor: Ein Wohnviertel mitten in der Nacht, absolut nichts los, kein Mensch, kaum ein Auto, und wer steht da am Straßenrand und winkt mir? Ausgerechnet mir? Claudia Schiffer! Jawohl! Die hatte

da nach irgendeiner Gala ganz anonym noch Freunde besucht, es wurde spät und wer kommt in diesem Moment vorbei? Ich! Was für ein Zufall. Wahnsinn, oder? Claudia Schiffer, plötzlich in meinem Taxi. Hat kaum was gesagt, aber allein ... dieses Gesicht, diese Erscheinung!“

Nicht schlecht, denke ich. Man muss die Leute wirklich nur reden lassen. Sofort gibt es die tollsten Geschichten, schon herrscht Friede, Freude, Eierkuchen.

„Toll, wirklich unglaublich“, sage ich und füge kurz hinzu: „Jetzt verstehen Sie sicher auch, warum meine Nichten vorhin so ausgeflippt sind. Plötzlich die Stimme, das war natürlich eine absolute Überraschung. Total witzig.“

„Klar, sowieso“, sagt der Fahrer, und erzählt noch eine ganze Weile weiter. Von Claudia Schiffer, ihrem Autogramm und dem unglaublichen Trinkgeld am Ende.

Schließlich schweigen auch wir, Claudia ist natürlich schwer zu toppen. Erst kurz vor dem Flughafen stupst mich meine kleine Nichte wieder an.

„Gigi“, flüstert sie und zeigt auf das GPS.

Gute Idee, denke ich, zum krönenden Abschluss könnten wir uns noch von Schwesterchen zum Terminal leiten lassen.

Ob er das GPS noch einmal einschalten könnte, bitte ich den Fahrer.

Er sieht mich fragend an.

„Warum? Lufthansa, Terminal 2, ich kenne den Weg doch. Wir sind sowieso gleich da. Keine zwei Minuten mehr.“

„Nein“, sage ich, „nicht deshalb.“

Ich zeige nach hinten.

„Wegen der Tante.“

„Welche Tante?“, fragt er verwundert.

„Na, ihre Tante, also ich meine, meine Schwester.“

„Wieso Schwester?“

Ich zeige auf die kleine schwarze Box.
„Na, die Stimme. Ihre Stimme."
Er sieht mich verständnislos an. Plötzlich wieder die finstere Miene vom Beginn unserer Fahrt.
Kann doch nicht sein, denke ich, das muss er doch jetzt kapiert haben! Das sollte doch inzwischen klar sein. Ich will noch einmal ausholen, aber ... in diesem Moment sind wir tatsächlich schon da. Terminal 2, Abflüge, Kurzzeitparkplatz. Genau vor dem Eingang. Die Mädchen zappeln schon ungeduldig, auch mein Bruder ist wieder voll wach, schon gehen die Türen auf.
Na ja, zu spät, denke ich. Auch egal jetzt.
Wir holen die Sachen aus dem Kofferraum, die Mädchen rennen sofort auf die Drehtüren zu. Mein Bruder vorsichtshalber hinterher.
Beim Bezahlen kann ich es mir dann doch nicht verkneifen.
„Also nochmal, Ihr GPS, das war kein Witz, das ist wirklich unsere Schwester."
„Ja, ja, schon klar. Natürlich", sagt er und steckt das Geld in seine Tasche.
Na also, dann haben wir das auch geklärt, denke ich und schiebe mich samt Koffer zufrieden in die Drehtür.
„... und ich bin der Weihnachtsmann", höre ich dann noch seine Stimme in meinem Rücken.

Die Bank, der Bahnhof und die Bäckerei

Herr Karl steht in der Bank, genauer gesagt, in der Sparkasse seines Dorfes. Eine Angestellte, vier, fünf Kunden. Er wartet, die Schirmmütze tief im Gesicht.
„Eins", hört er eine Stimme rufen.
Er hat keine Nummer gezogen. Er braucht heute keine Nummer. Er wird sowieso gleich an der Reihe sein.
‚Guten Tag, Herr Karl', könnte die Angestellte wie jeden Freitag sagen, ‚wieder was gespart?'
‚Na ja', könnte er dann wieder antworten, ‚etwas, nicht viel', und seine kleine Kiste öffnen, um ein paar Geldscheine auf den Tisch zu legen.
Wie langweilig, denkt er, wie schrecklich langweilig!
Freitag, sein Tag für Erledigungen: zuerst die Bank, um die spärlichen Einnahmen der Woche in Sicherheit zu bringen, danach der Supermarkt und weitere Geschäfte, und schließlich die kleine Kneipe am Bahnhof. Ein Bier, ein Brötchen, dann nach Hause. Seine feste Runde, Woche für Woche. Immer das Gleiche.
Wenn doch endlich etwas geschähe! Etwas Neues, Verrücktes, Unerwartetes! Wie oft hat er das schon gedacht. Vor allem hier in der Bank, dem grauesten Ort seiner Freitagsgeschäfte.
Ein Bankraub oder so was, hat er schon oft fantasiert und sich beim Warten die tollsten Situationen vorgestellt. Nur so zum Spaß. Kein Blut, keine Brutalitäten, das nicht. Einfach nur aufregend: Ein Typ könnte plötzlich hereinstürzen und brüllen: ‚Hände hoch! Alles auf den Boden!' Dann würde er mit der Pistole in der Hand an den Schalter gehen und seine Tasche aufhalten. Und vor Angst zitternd würde ihm die brave Kassenfrau jede Menge Scheine in die Tasche packen.
Das wäre ein Spektakel! Und er, Herr Karl? Nein, er würde bestimmt nicht eingreifen, er würde hier nicht den Helden spielen. Ganz ehrlich, er hätte sogar Sympathie für den Typen. Ja, Herr Karl würde heimlich applaudieren! Soll dieser Zorro doch

davonkommen! Zur Tür hinaus, und draußen wartet ein Auto, ein Komplize, oder besser noch, eine Komplizin! Ja, eine schöne Komplizin, und dann würden die beiden davonrasen, Richtung Horizont. So wie Bonnie und Clyde.
Tja, solche Fantasien hatte Herr Karl schon oft. Mitten in der Dorfsparkasse! Dabei war ihm aber immer klar, dass all diese Träumereien nichts nützen. Er selbst müsste etwas tun: ausbrechen, aus dieser Runde, aus dieser Routine, aus diesem ewigen Kreislauf.

Leichter gesagt als getan, denkt Herr Karl jetzt. Er steht immer noch in der Bank. ‚Zwei' wird die Stimme gleich sagen. Langsam wird ihm warm unter der Mütze. Diese Sommerhitze, dazu das schwere Ding in seiner Hand!
Der einzige Lichtblick an diesen tristen Freitagen ist die Bäckerei. Allein schon der Duft der frischgebackenen Brote, wenn man zur Tür hereinkommt. Und dieser appetitliche Anblick all der Kuchen und Torten. Meisterwerke! Und doch ist das alles nur Kulisse. Am meisten fasziniert ihn nämlich Duft und Anblick von Marlene, der jungen Bäckerin. Immer freundlich, immer guter Laune. Allein wegen ihr trinkt er oft noch einen Kaffee an dem kleinen Tisch vor dem Laden. Wenn er Glück hat und Marlene nichts zu tun, setzt sie sich manchmal dazu, und dann plaudern sie ein bisschen. Über das Wochenende, den Sommer, das Leben.
Ja, hat sie schon einige Male geklagt, die Sonne scheint, und sie hat sogar frei am Nachmittag, aber zu Hause legt sie sich doch nur müde aufs Sofa, weil sie ja schon um vier Uhr aufgestanden ist. So vergehen die Freitage, und samstags muss sie dann all die Dinge tun, die sie während der Woche nicht geschafft hat. Und sonntags wieder Semmeln und Torten und Kuchen.

Herr Karl nickt dann immer: Ja, ja, bei ihm sei das ähnlich. Er habe heute auch frei, aber dann, nach den Erledigungen, die Müdigkeit am Ende der Woche.

Sie lächelt ihn an, und Herr Karl lächelt meistens zurück. Natürlich hat er auch hier in der Bäckerei Fantasien, ebenfalls von Ausbruch und Aufbruch, nur viel friedlicher als die in der Bank. Aber sie sagt nichts weiter, er traut sich auch nicht, und das war's dann. Eine gute Stunde später sitzt er wieder am Bahnhof, trinkt sein Bier, isst sein Brötchen und schaut eine Weile den Zügen hinterher: wie sie abfahren, um kurz darauf am Horizont zu verschwinden. Und irgendwann steht Herr Karl dann auf und geht nach Hause.

„Zwei", hört er jetzt die Stimme sagen. Gleich ist er dran. Puh, ist das eine Hitze! Einen Moment schließt Herr Karl die Augen und plötzlich, ganz plötzlich hat er eine Idee. Jetzt weiß er, was zu tun ist! Natürlich! Ganz einfach! Wozu hat er immer eingezahlt, wozu immer weitergespart?
Verdammt! Er wird heute etwas abheben, einfach abheben, bar auf die Hand und rein in die Tasche. Nicht alles, aber einiges. Und damit zur schönen Marlene in die Bäckerei laufen, und sie fragen, ob er sie einladen darf, zum Mittagessen nachher. Nein, nicht in die Bahnhofskneipe, sicher nicht, sondern in ein schönes Restaurant, in die *Forelle* zum Beispiel, und bestimmt wird sie sich freuen und einverstanden sein. Sie hat doch frei ab mittags, und dort, bei Fisch und Wein wird er sie fragen, ob sie nicht Lust auf einen Ausflug morgen hätte, morgen oder noch besser: gleich jetzt! Warum nicht? Er hat kein Auto, aber sie könnten doch am Bahnhof einen dieser Züge nehmen, die so schnell am Horizont verschwinden.
Sicher, ganz sicher wird sie mitkommen. Sie ist doch auch allein und einsam. Natürlich wird sie sich freuen. Richtig freuen. Und er wird sie auf Händen tragen. Einen Nachmittag, ein Wochenende, ein Leben lang!
Was für ein Plan! So einfach und so genial! Warum ist ihm das nicht früher eingefallen? Viel früher? All die Jahre verwartet, vergeudet.

BÄCKEREI

Herr Karl zögert. Oder ... ist es vielleicht schon zu spät? Viel zu spät? Nein, beruhigt er sich, warum sollte es zu spät sein? Heute ist es endlich soweit! Nur das ist jetzt wichtig!
Herr Karl öffnet die Augen wieder und sieht sich fest entschlossen um. Die graue Bank ist gleich ein bisschen farbiger. Die grünen Pflanzen, die bunten Bilder an der Wand, das hat er nie bemerkt. Und die Leute ... Moment mal! In seiner Begeisterung muss er laut gedacht haben. Alle haben sich umgedreht und schauen ihn überrascht an. Die Angestellte, die Kunden und ... Marlene! Nanu, Marlene ist auch hier! Umso besser, denkt Herr Karl, dann kann es gleich losgehen! Nur noch das Geld abheben und dann weg von hier. Nichts wie weg!
Aber komisch, denkt er, sie sieht ihn an, aber sie freut sich gar nicht. Sie blickt erstaunt, fast erschrocken. Weiß sie von seinem Plan? Gefällt er ihr nicht? Er muss ihr ein Zeichen geben. Marlene, alles ist gut, alles wird gut! Nur noch das Geld und dann ...
Langsam, ganz langsam hebt er den Arm.
Wie anstrengend, denkt er. Ach ja, er hat ja dieses schwere Eisending in der Hand!

„Drei", hört er in diesem Moment die Stimme hinter sich.
Langsam, ganz langsam dreht er sich um.
„Gut so", sagt der Polizist, „und jetzt lassen Sie die Pistole fallen und heben auch die andere Hand."
„Aber Moment mal", stottert Herr Karl, „ich wollte doch nur ..."
„Ja, ja, schon gut. Einfach fallen lassen und die Hände hoch!"
Herr Karl blickt noch einmal zurück.
„Marlene, sagen Sie doch was. Ich wollte doch nur ... unser Mittagessen, unser Ausflug ..."
Aber auch Marlene sieht ihn nur weiter an. Ungläubig, erstaunt, erschrocken.

Cappuccino 150
oder
Ein Plädoyer für Touristen

„I did it my way."
Frank Sinatra

Ein Plädoyer für Touristen? Wie komme ich dazu? Ich wohne im Zentrum von Barcelona, und wenn dort etwas nervt, dann sind das die Touristen. Wie kann man bloß?, denkt man immer wieder. Warum sehen sie alle gleich aus? Warum tragen sie plötzlich alle Shorts und Sandalen, während sie zu Hause in Tokio, bei Frankfurt oder hinter Chicago nie auf die Idee kommen würden, in kurzen Hosen durch die Fußgängerzone zu spazieren. Wie kann man bloß? Und warum machen sie stets das Gleiche? Warum meinen sie, hier unbedingt ab siebzehn Uhr typisch spanisch *sangría* trinken zu müssen, während typische (und untypische) Spanier schon seit Jahrzehnten keine *sangría* mehr trinken? Nicht um 17 Uhr und später auch nicht.
Na ja, das mit der *sangría* könnte ja immerhin noch ein Versuch sein. Ein Zeichen von Neugierde, von Interesse an der Folklore hier. Viele Touristen haben in dieser Hinsicht gar keine Ambitionen mehr und gehen gleich in eine dieser Fastfoodketten, die sie von zu Hause kennen. Da weiß man schließlich, was man hat!
Okay, okay, ich höre schon auf. Über diese Art Tourismus wird ja eigentlich schon genug geschimpft. Aber ehrlich gesagt, ich finde die sogenannten Kulturtouristen auch nicht viel besser. Für die ist Barcelona vor allem ein mediterraner Gaudí-Gotik-Themenpark. Meinetwegen ... aber warum genießen sie das dann nicht? Da sind sie endlich am Ziel ihrer Träume, sitzen auf einem schönen Platz in der Altstadt ... und dann?
Statt mit ihrem Kaffee in der Sonne zu entspannen, passen sie vor allem hochkonzentriert auf ihre Taschen auf (es soll Taschen-

diebe geben!) und kontrollieren dann ebenso hochkonzentriert das Wechselgeld (die Kellner hier sollen nicht immer korrekt sein!). Zwischendurch vergleichen sie die Preise (... teurer als in Hannover!).

Also gut, das ist jetzt ein bisschen fies und völlig undifferenziert. Ich höre ja schon auf! Nur eins noch, was wirklich für viele Touristen gilt: Warum stellen sie sich oft so dumm an?

Sie sind tagelang im Land und können weder *gracias* noch *buenos días* sagen, auch das Bier bleibt bis zuletzt *a beer*, weil *cerveza* offenbar schon zu kompliziert ist.

Am Bahnhof warten sie eine halbe Stunde am Schalter und kapieren nicht, dass man eine Nummer ziehen muss. Vor dem Picassomuseum fragen sie, wo das Picassomuseum ist. Rrrrrr!

Früher hatte ich da noch Mitleid. Ich bin oft stehen geblieben und habe gefragt: „*Can I help you?*" Und dann habe ich den Weg erklärt oder bin sogar ein Stück mitgegangen ... *Thank you! Grazie! Merci!* Die Leute sind ja immer so dankbar.

Heute mache ich das kaum noch. Das finden die schon, denke ich meistens, und gehe einfach weiter. Warum eigentlich? Ich weiß auch nicht ... keine Geduld, keine Lust, keine Zeit.

Jetzt war ich selber mal wieder unterwegs. Weit weg, in den USA. Nicht als Tourist, als Autor. Eine Dienstreise sozusagen. Ohne Windjacke und Fotoapparat, sondern mit Jackett und Bürotasche. Gut getarnt, wie ein Einheimischer.

Na wartet, dachte ich, ich werde das alles anders machen, ganz easy. Frei nach Frank Sinatra: „*I did it my way.*"

„Sollen wir Sie am Flughafen abholen?", hatten meine Gastgeber vom Goethe-Institut freundlich am Telefon gefragt.

„Nö", antwortete ich und zögerte eine Sekunde, „muss wirklich nicht sein. Das schaffe ich schon."

Na ja, praktisch und bequem wäre es ja schon, dachte ich in diesem Moment und hoffte auf Widerspruch.
„Wie Sie wollen, Wegbeschreibung und die Adressen haben Sie ja. Also gute Reise und bis dann."

San Francisco, Flughafen, ein paar Tage später. Vor mir der Fahrkartenautomat der S-Bahn, die hier interessanterweise BART heißt. Ein sehr moderner Automat, interaktiver Bildschirm mit Touchscreen. Eine Liste mit den Haltestellen, sofort entdecke ich mein Ziel: *Powellstreet.* Na also! Dahinter zwei Zahlen, wahrscheinlich die Nummer der Linie oder des Bahnsteigs, so etwas.
Ich drücke auf *Powellstreet.* Ganz easy, ganz cool. Aber es passiert nichts. Noch einmal, wieder nichts. *Powellstreet* ist eine Information, aber keine Option. Aha. Optionen sind nur: 1 Dollar, 5 Dollar, 10 Dollar.
Ja toll, soll ich da jetzt einfach Geld reinstecken und dann mal sehen, was passiert? Warum ist das nicht wie bei uns? Man gibt sein Ziel ein, der Automat nennt den Preis, man bezahlt und fertig. So einfach.
Und hier: 1 Dollar, 5 Dollar, 10 Dollar. Sind wir hier im Casino oder was? Ich will nicht Roulette spielen, ich brauche eine Fahrkarte. Mann!

Plötzlich klopft mir jemand auf die Schulter.
Vorsicht, denke ich, jetzt kommt gleich: ‚Bitte, bitte, mir fehlt noch ein Dollar für die Fahrkarte nach Hause' oder so was. Den Trick kenne ich aus Barcelona. Nicht mit mir, Leute, ich bin kein doofer Tourist!
Automatisch ziehe ich meinen Koffer näher zu mir und drücke mir die Bürotasche an die Brust.
„Excuse me, sir."

Vor mir steht ein junger Typ mit Rucksack. Jeden Moment müsste die Ein-Dollar-Frage kommen, denke ich. Na ja, soll er bekommen. Hauptsache, er lässt mich dann in Ruhe. Ich habe allerdings keinen Dollar, nur einen 10-Dollar-Schein. Mist! Das hatte ich doch noch im Reiseführer gelesen: ... für Trinkgelder etc. immer einzelne Dollars in der Tasche haben ...

Noch dazu halte ich den 10-Dollar-Schein schon in der Hand. Ganz schlecht!

„Excuse me, sir. Can I help you?"

Aha, diese Nummer also! Warum fragt er nicht gleich nach dem Geld?

„No. No problem." Oh Gott, mein Schulenglisch!

„Where are you going?"

Hey, denke ich, das ist mein Bier! Das geht dich gar nichts an!

„Äh, to Powellstreet", höre ich mich sagen.

„Ah, *Powell*street."

Jetzt korrigiert der Kerl auch noch meine Aussprache. Frechheit!

„Look." Er zeigt mir *Powellstreet* auf der Liste (prima, so weit war ich auch schon) und deutet dann auf die Zahlen dahinter: acht, zehn.

„Eight, ten", sagt er, „you have to pay 8 Dollars and 10 Cents. That's it."

Ach so, denke ich. Klar. Eigentlich ganz einfach.

Der Typ nimmt mir den Geldschein einfach aus der Hand.

Moment! Halt! Stopp!

Aber da legt er ihn schon in den Automat.

„May I? Look!"

Er drückt ein paar Optionen, plötzlich fragt der Bildschirm auf Deutsch: „Möchten Sie ein 8-Dollar-10-Cent-Ticket?"

„Okay?" Er sieht mich fragend an. Ich sehe ihn auch fragend an.

„Ja, yes, shure", sage ich leise.

TICKETS

Der Automat rattert, Münzen purzeln in das untere Fach, dazu ein Ticket samt Quittung.
„Your ticket, your change." Lächelnd klopft er mir wieder kurz auf die Schulter. „Everything alright?"
„Yes, shure, thank you", stottere ich, „thank you very much."
„You are welcome. Enjoy San Francisco. It's a great place."
Schon ist er weg.
Gut, kein sehr eleganter Einstieg. Anfängerfehler, kann passieren. Übermüdet vom langen Flug, Jetlag inklusive. In meinem Kopf ist es schon zwei Uhr morgens, und hier spazieren sie immer noch am Nachmittag herum.

Ein paar Stunden später stehe ich in einem dieser Coffeeshops im Zentrum von San Francisco ... Moment, ich kann das erklären. In Barcelona würde ich natürlich nie in so einen stillosen Selfservice-Laden gehen. Aber das ist ein Notfall. Echt. Im Hotel gibt es zwar einen Fernseher im Bad und Einweg-Pantoffeln auf dem Bett, aber kein Internet im Zimmer. Auch in der Lobby unten: nirgends ein Computer für Gäste. Ich muss aber einige Mails schreiben. Dringend.
Natürlich ist mir klar, dass ich hier erst einmal eine kleine Runde drehen müsste. Mein erster Tag in Amerika, mein erster Abend in San Francisco! Da sollte man sich eigentlich sofort vor so einen Wolkenkratzer stellen und einfach nur staunen, glotzen und glücklich sein. Und danach vielleicht noch ein Bierchen in so einer legendären Beatniks-Bar.
Aber nein, ich stehe ja in diesem Fastfood-Café. Aber wie gesagt, das ist halt dringend. Ich muss mich melden, bei den Lieben zu Hause. Dass ich gut angekommen bin. Auch im Goethe-Institut sollte ich kurz Bescheid sagen. Die warten sicher auf ein Zeichen, dass mich Lufthansa und BART problemfrei und pünktlich nach San Francisco gebracht haben.

Außerdem gibt es sicher schon wieder neue Post, die ich sofort beantworten muss. Organisatorische Fragen von den eingeplanten Schulen und Unis, übermorgen geht's ja schon los.
Ich will hier also keine virtuellen Postkarten schreiben, ich will auch nicht rumsurfen, weil mir langweilig ist. Ich muss schlicht und einfach arbeiten. Verdammt! Ich weiß, ich lache sonst auch gerne über diese Typen, die so semiautistisch in Cafés rumsitzen und Pappbecherlattemacchiatos schlürfend in ihre Notebooks starren. Wichtigtuer!
Aber bei mir ist das wirklich etwas anderes. Auf Reisen ist der Laptop mein Büro, mein Telefon, mein Aktenordner, mein tragbares Zuhause. Okay? Und wenn hier rund um mein Hotel offenbar nur dieser Laden WI-FI anbietet, dann setze ich mich da drinnen jetzt ein Stündchen an meinen Computer, auch wenn da draußen San Francisco ist, und Wolkenkratzer und Goldengatebrücken und Beatniks-Kneipen. Ich bin kein Tourist! Okay? Ich habe hier zu tun! Und wenn es sein muss, dann eben in so einem Schuppen! Uff! Warum rege ich mich eigentlich so auf? Sieht mich doch keiner. Hier kennt mich doch niemand ...

Na ja, ich stehe jedenfalls in der Schlange vor der Theke und betrachte die große Getränke-Tafel über der Kasse. Wahnsinn, was es da alles gibt! Das soll alles Kaffee sein? Gibt's hier eigentlich auch normalen Kaffee? So mit ein bisschen Milch und sonst nichts? Ich schaue und schaue, ich suche und suche, und endlich entdecke ich etwas für mich: Cappuccino. Hört sich trinkbar an. Ohne Vanille, ohne Schoko, ohne Minze. Oder muss man das extra dazusagen? Nee, offenbar nicht.
Also: Cappuccino. Aber noch bin ich nicht fertig. Jetzt noch die Größe: Klein, mittel, groß, heißt das wahrscheinlich. Okay, einen mittelgroßen. Also: Cappuccino *medium*. Alles klar. Die Schlange bewegt sich, gleich bin ich an der Reihe.

Wie spricht man das eigentlich aus: *medium*? Wie Latein oder *midiäm?*
Egal, denke ich, das schaffe ich schon. Wäre ja gelacht.
Aber trotzdem: *medium*, *m-i-d-i-ä-m* ... Moment! Auf der Tafel sind ja Nummern hinter jedem Getränk! Wie bei den BART-Stationen heute Nachmittag. Diesmal ist es aber nicht der Preis (der steht vorne), sondern eine Code-Nummer: 150, 165, 270.
Klasse, denke ich. Schon schlau, diese Amis. Effizient. Kodieren dieses Kaffeedurcheinander einfach. Statt: Café Latte, Standard, ohne Himbeergeschmack, zum Mitnehmen, einfach: 190. Toll! Bei uns kenne ich das nur mit Pizza. Cool. Ich suche wieder meinen Cappuccino, *medium*, pur, und in diesem Moment bin ich auch schon an der Reihe:
Hihowareyou?wonderfulandyou?greatthankyousowhatdoyouwantt odrink?
„Onehundredfifty, please", sage ich lächelnd und mit leicht pseudoamerikanischem Akzent. Souverän. Ich kenne den Code, ich kenne mich aus. Ich bin kein Tourist.
Die junge Frau lächelt: „Great. Fantastic. And what do you want to drink?"
150, habe ich doch schon gesagt, wundere ich mich, aber bitte:
„Onehundredandfifty", wiederhole ich, jetzt mit meinem deutschen Akzent.
Sie sieht mich an. Leicht irritiert.
„Ahmm, sorry, I mean, what can I get you, I mean, what are you going to drink?"
Verdammt!, denke ich, wieso will die das einfach nicht kapieren? Was hat sie gegen mein 150?
Das ist ja noch schlimmer als in Paris! Da stehst du in der Bäckerei, bestellst freundlich fünf Croissants (*sänc croso, silvuplä*) und alle sehen dich völlig perplex an, bis du mit einer Hand 5 zeigst und mit dem Zeigefinger der anderen direkt in die Croissant-Vitrine.

Ja, soll ich ihr jetzt die Zahl aufmalen oder was?
„Sorry Mister, I mean, can I help you …?"
Das habe ich heute schon einmal gehört. Also gut, okay! Dann eben nicht. Dann halt völlig uncool:
„Yes, I would like to have a Cappuccino, please."
Ihr Gesicht hellt sich auf.
„Oh, great! A Cappuccino. Shure. Great."
Na also!, denke ich erleichtert. Schwere Geburt.
„Yes, that's it. 150, a Cappuccino."
„Wonderful. So do you want a small or a bigger one?"
Oh Gott, das Ding ist noch nicht zu Ende!
„Ähh, a big one, please!"
Eigentlich will ich ja keinen *big one.* Aber *big* habe ich verstanden, und *big* kann ich auch aussprechen. Auf *medium* oder *midiäm* habe ich jetzt wirklich keine Lust mehr.
„A big one?", fragt sie und hält mir einen Monsterbecher unter die Nase, den man später wunderbar als Papierkorb wiederverwenden könnte.
„Yes. Great. I mean … big."

Fünf Minuten später sitze ich bequem und gemütlich am Fenster. Schöner Blick auf die abendliche Straße, aber ich glotze ja in meinen Computer. Immerhin funktioniert das Internet. Das WI-FI des Hauses hat mich ohne Fragen akzeptiert. Ich hatte schon Angst gehabt, dass da zuerst wieder ein Menü mit zwanzig Optionen aufgeht. Ich will nichts mehr wählen, ich will nur meine E-Mails sehen!
Neben mir sitzen noch zwei, drei Leute an ihren Laptops. *Locals*, die wahrscheinlich zu Hause kein Internet haben. Ein gutes Gefühl: Ich bin einer von ihnen, ich sehe aus wie sie. Nur mein Kaffeebecher ist ein bisschen größer.

Richtig konzentrieren kann ich mich allerdings nicht. Nach einigen eher unwichtigen Mails checke ich kurz die Resultate der Fußball-Bundesliga, schreibe drei Zeilen nach Hause und sehe nun doch aus dem Fenster.

Wie unglaublich, denke ich immer wieder, plötzlich hier in San Francisco zu sein. Richtig unwirklich!

Ein junger Mann geht auf der Straße draußen vorbei, sieht zu uns herein, wie wir da hinterm Fenster an unseren Computern sitzen. Hey, der Typ vom BART-Automat!, denke ich einen Augenblick. Aber nein, unmöglich, für so einen Zufall ist San Francisco doch zu groß. Der Kerl lächelt, schüttelt dann leicht den Kopf und geht weiter.

Okay, okay, er hat ja recht! Freitagabend, 21 Uhr, da sollte man was Besseres zu tun haben, als in so einem Coffeeshop herumzusurfen. Und wenn der wüsste, dass das auch noch mein erster Abend ist!

Ja, ja, mein erster Abend. War nicht ganz leicht heute. Kleine Niederlagen, vor allem sprachlich. Mein Blick fällt wieder auf die Frau hinter der Theke.

Mensch, warum hat die mich einfach nicht verstanden? Warum hat sie mich wie einen Alien angesehen? So schlecht ist mein Englisch doch auch nicht!

Ich sehe noch einmal auf die Getränketafel über ihr. *Cappuccino medium* 150, *Café Latte big* 270. Alles so klar, so eindeutig ... Aber Moment mal: Warum hat auch der *Café Creme* mit *Caramel* die Nummer 150?

Das ist doch unlogisch, das kann doch nicht sein!

Langsam, ganz langsam folge ich den Nummern nach oben. Was steht denn da ganz klein über den Zahlen. *Ca* … *Ca* … was? Oh nein, das darf doch nicht wahr sein! *Ca* ... *Ca* ... *Calories*! Kalorien! Oh Gott!

Drei Wochen später bin ich wieder zurück von meiner Reise. Eine Traumreise. So viele tolle Erlebnisse, so viele großartige Menschen! Der Alltag hat mich aber schon wieder. Freitagabend, gerade komme ich von der Uni zurück. Stressige Vorbereitungen auf den neuen Kurs, Versammlungen, Listen, Kopien.
Metro *San Jaume*, kurzer Spaziergang durch die Altstadt, dann bin ich zu Hause. Endlich. Kurz vor der Kathedrale steht ein Typ im Licht einer Straßenlaterne. In den Händen einen Stadtplan, den er immer wieder umdreht.
„Can I help you?"
Er sieht mich überrascht an, ein bisschen misstrauisch.
„Well, I am looking for the church. The big one."
„You mean the cathedral?"
Seine Augen leuchten.
„Oh yes, that's it. The cathedral."
Ich zeige auf das Schild über seinem Kopf: *Catedral 80 m*.
„Just around the corner. Come with me, it's my way too."
Erleichtert folgt er mir, ich bin der Gute, der ihn aus diesem Labyrinth befreit. Eine Minute später stehen wir vor der beleuchteten Kathedrale.
„Great, really great. Thank you, sir, thank you so much."
„No problem."
Ich glaube, ich kann jetzt gehen.
„Is that Gaudí?", fragt er noch.
Ich schlucke, zögere einen Moment.
„No. This is not Gaudí. This is gothic."
„Oh, gothic. Great! Thank you!", sagt er, während er schon den Fotoapparat aus der Tasche holt.
Ich denke, ich kann jetzt wirklich gehen. Ich klopfe ihm aber noch kurz auf die Schulter.
„You are welcome. Enjoy Barcelona. It's a great place."

Der Regenschirm

Als er vor dem Hotel auf ein Taxi zum Flughafen wartete, fing es wieder an zu regnen. In diesem Moment merkte er, dass er den Regenschirm vergessen hatte. Der kleine Rollkoffer, die Aktentasche, aber kein Regenschirm.
Er zögerte. Noch einmal zurück und im Zimmer nachsehen? Sinnlos, er hatte es vor dem Auschecken genau kontrolliert: das Bad, der leere Kleiderschrank, der Papierkorb mit der Zeitung von gestern. Da war kein Regenschirm.
Noch absurder die kurze Hoffnung, dass er ihn gar nicht mitgenommen hatte auf die Reise. Dass er immer noch zu Hause in Frankfurt stand, in Silvias neuer Garderobe. Lächerlich. Ein Taxi hielt.
Der Schirm hatte gestern sogar eine gewisse Rolle gespielt. Sein Angebot nachmittags in der *Cisa Lounge*, die Dame angesichts ihrer Schirmlosigkeit und des plötzlichen Regens noch irgendwohin zu begleiten. Ohne den Schirm wäre es wahrscheinlich dabei geblieben: Übergabe eines Umschlags, zwei Espressos. Eine Begegnung von einer knappen halben Stunde.
Er musste jetzt auch nicht die einzelnen Stationen durchgehen: Lounge, Galerie, Restaurant, Bar.
Ein Bild genügte. Der Platzregen um Mitternacht, sie beide Arm in Arm unter dem Schirm am Ufer des Zürichsees, fröhlich, vergnügt. Frau Stevens (seit dem Restaurant „Rebecca") sogar barfuß, die leichten Sommerschuhe mit den hohen Absätzen in der anderen Hand. Kein Zweifel: Er hatte den Regenschirm bei ihr stehen lassen.
Er stieg ins Taxi. Einen Augenblick der Impuls, bei ihr vorbeizufahren und das Ding da rauszuholen. Sicherheitshalber.
Ihr Gesicht nach zwei Minuten an der Tür, verschlafen, verwundert. Dahinter die Wohnung im Morgenlicht.
‚Du?'
‚Verzeihung, ich habe ..., ich muss aber gleich ... Gibst du ...?'
Der Taxifahrer sah ihn fragend an.

„Zum Flughafen, bitte“, sagte er.
Um Gottes willen, dachte er, was wäre das für eine Dummheit! Dieses Zurück zum Tatort. Völlig überflüssig, er brauchte das Ding ja nicht.
Einfach anrufen?
‚Hallo?‘, ihre Stimme, verkatert, unfreundlich.
‚Sorry, ich bin’s. Verzeihung, ich habe ..., ich bin schon ... Denkst du bitte ...?‘
Wozu sie jetzt aufwecken? Wozu noch einmal ihre Stimme?
Eine SMS, fiel ihm ein, jetzt gleich vom Taxi aus und damit wäre die Sache erledigt.
Er sah aus dem Fenster. Zürich im Regen. Ziel einer ziemlich spontanen 24-Stunden-Dienstreise. Zuerst hatte er gezögert, unsicher, ob sich das lohnen würde. Aber der Kunde hatte ihm versprochen, dass er nach Klärung der Details Vertrag und Originalpläne noch am selben Tag mitnehmen könnte. Übergabe sämtlicher Papiere durch einen gewissen Herrn Stevens vom Architekturbüro.
Eine verlockende Perspektive! Er verschob seine Termine in Frankfurt und beauftragte Silvia noch im letzten Moment mit einem kleinen Job: eine Mappe an einen Geschäftspartner übergeben. Wenn der überhaupt anrief. Der Umschlag lag auf seinem Bürotisch bereit.

Er sah immer noch aus dem Fenster. Zürich hatte sich in eine graue Kulisse verwandelt. Anonym, gleichgültig. Der Regen wurde stärker, leichter Nebel zog auf. Nirgends ein Zeichen davon, dass die Stadt gestern zum beschwingten Schauplatz einer kleinen, munteren Affäre geworden war.
Geschäftlich war alles wie am Schnürchen gelaufen. Vormittags. Später allerdings zur vereinbarten Zeit: kein Herr Stevens. Er wartete schon gute zwanzig Minuten in der *Cisa Lounge*, zunehmend nervös. Plötzlich diese attraktive Frau am Eingang, die sich umblickte und dann direkt auf ihn zukam.

Frau Stevens, die ihren Mann vertrat. Der musste einen dringenden Termin wahrnehmen, auswärts. Er möge entschuldigen. Und keine Sorge. Sie habe alles dabei. Die Pläne und den Vertrag für die Unterschrift.
„Alles bestens“, lächelte er, er habe Zeit. Sein Rückflug sei erst morgen früh.
„Was trinken Sie?“ Er winkte dem Kellner und zückte seinen Kuli.

Er drehte sich um, sah zurück. Die Stadt verschwand im Nebel, in dem nun auch die Geschichte als vage Erinnerung versinken würde. Kein Grund für ein schlechtes Gewissen. Unwirklich war die Nacht jetzt schon. Ein Flug von einer Stunde würde genügen, und die Sache hätte nicht einmal stattgefunden. Nirgends. Nie.
Aber etwas irritierte ihn. Dieser Gegenstand, den er dort oben in ihrer Wohnung zurückgelassen hatte. Es war nicht der Verlust. Gut, es war ein teures Stück, sogar ein bisschen extravagant. Ein Geschenk von Silvia (ausgerechnet von Silvia!), vor einem Jahr, nachdem er einmal pudelnass vor der Tür gestanden hatte. Aber das war egal jetzt. Das spielte wirklich keine Rolle. Was ihn irritierte, war seine Unaufmerksamkeit. Er war so stolz gewesen, dass die Rechnung wieder mal aufgegangen war. Restlos. Perfekt. Er war da rausgekommen, ohne etwas zu hinterlassen, weder Nummern noch Adressen, keine Daten.
Ihre Handynummer hatte er irgendwann in der Bar kurz eingetippt, unter „Kunden“. Er rufe sie gleich an, dann habe sie seine. Der Standardsatz, der immer genügte. „Dein Mann hat sie ja auch“, fügte er augenzwinkernd hinzu. Kleiner Scherz. Ihren Mann würde sie kaum nach ihm fragen.
Er war ganz sicher gewesen, dass er alle Spuren verwischt hatte. Alle. Dann einen Moment nicht aufgepasst, und nun stand da dieses Ding herum.

Der Nebel würde sich wie ein See über die Geschichte legen, aber an der Wasseroberfläche würde dieser Schirm treiben. Stummer Zeuge, nerviges Beweisstück.
Natürlich, beruhigte er sich, war es nicht zu spät. Immerhin war es ihm jetzt eingefallen, rechtzeitig. Eine SMS würde genügen. Ganz einfach, eine SMS.
Er nahm sein Handy. Welcher Text?
Ganz kurz und klar, damit sie auf keine dummen Gedanken kam, und ihm den Schirm am Ende noch zuschicken wollte. Das Ding an Land spülen, das fehlte gerade noch. Auch nicht „verstecken“ oder „aufheben“ oder so etwas. Abgesehen von dem Risiko schmeckte das viel zu sehr nach Fortsetzung und Wiedersehen. Ein Pfand, das sie nun beide verband, eine Geschichte, die weiterging. Nein, kein Nachspiel, auf keinen Fall!
„Verschwinden lassen“, ja, das war der richtige Ausdruck. „Der Regenschirm! Lässt du ihn bitte verschwinden?“ Das passte perfekt. Genau sein Stil. Damit sollte die Sache erledigt sein. Die Nachricht flog davon, er lehnte sich beruhigt zurück, das Taxi hielt vor dem Terminal.

Gegen Mittag kam er nach Hause. Silvia war schon da.
„Schon zurück?“, sie schien darüber erstaunt.
„Klar, hatte ich doch gesagt, 24 Stunden, mehr darf so eine Aktion nicht kosten.“
„Ach ja. Stimmt. Und? Wie ist es gelaufen?“
Sie umarmte ihn und drückte ihm einen Kuss auf die Wange.
„Hat alles geklappt“, sagte er. „Alles geklärt, und die Papiere habe ich auch gleich bekommen.“
„Freut mich. Dann hat es sich doch gelohnt.“
„Absolut. Und bei dir? Hat sich der Typ gemeldet?“
„Ja, hat er. Er wollte das Paket unbedingt, hatte aber nicht viel Zeit. Ich hab’s ihm dann einfach ins Hotel gebracht. Ging schneller so.“

Er lehnte sich ein wenig zurück, sah ihr in die Augen.
„Nett von dir. Ich hatte eigentlich gedacht, er holt es selber ab. Sorry. Ich wollte dir bestimmt keine solchen Umstände machen."
„Macht doch nichts", beruhigte ihn Silvia, „ganz netter Typ. Hat mich noch kurz auf einen Kaffee eingeladen, es hat furchtbar geschüttet draußen. Ein richtiger Wolkenbruch."
„Hier auch? ... in Zürich genauso. Ein Regensturm. Wahnsinn."
Sein Blick glitt über ihre Schulter hinweg durch die offene Wohnzimmertür zurück in den Vorraum, zur Garderobe.
„... dann musste er weg, und ich bin noch ein bisschen sitzen geblieben. Hatte keinen Schirm dabei. Kein Problem, es gab da Zeitungen und irgendwann hörte es ja auf."
In dem eisernen Ständer lehnte ein Schirm, ein großer dunkler Schirm. In diesem Moment hörte er ihr Handy. Nur ein kurzes Signal. Eine SMS.

Vom Nutzen des Fußballs

Ich weiß, darüber ist schon viel gesagt worden. Über den Sinn des Fußballs. Auch viel Unsinn. Dabei ist es eigentlich ganz einfach. Über Fußball an sich, also das Spiel, den Sport, kann man im Grunde nur Gutes sagen: So viel Bewegung an der frischen Luft, das ist auf jeden Fall gesund. Dazu ist Fußball ein Mannschaftssport. Man rennt nicht nur herum (wie etwa beim Joggen oder Walken), sondern muss dabei auch noch fair, kooperativ, kommunikativ und koordiniert sein.

Noch dazu ist Fußball besonders basisdemokratisch: einfache Regeln, im Prinzip kann jeder mitmachen. Vor allem braucht man fast gar nichts (keinen Tennisschläger, keinen Basketballkorb, keine Golflöcher). Nein, ein Ball und ein paar Kumpels, dazu ein Pausenhof, ein Park, eine Wiese, und schon kann es losgehen.

Gut, es gibt da auch diese andere Seite: den Profi-Fußball. Das Massenphänomen, die Mega-Show, diesen Riesenzirkus unserer Zeit, mit den Spielern als modernen Gladiatoren. Das ist dann schon viel weniger gesund und fair und basisdemokratisch. Na ja, das Volk will Brot und Spiele, und das ist immer noch ein großes Geschäft.

Darüber kann man sicher sprechen, diskutieren, streiten – will ich aber gar nicht. Zumindest nicht jetzt, nicht hier. Ich habe sowieso weder Theorie noch Thesen zu meinem Titel, nur ein praktisches Beispiel. Eine kleine Anekdote ... vom Nutzen des Fußballs.

Interessanterweise spielt sie an einem der wenigen Tage im Jahr, wo absolut niemand an Fußball denkt. Da gibt's ja eigentlich nur zwei: Weihnachten und Silvester. Bei so viel Schnee und Eis will keiner selber kicken. Und von Brot und Spielen haben auch alle schon mehr als genug.

Also Silvester. Nachmittags. Ich habe nichts Großes vor. Brot und Spiele haben sich definitiv schon erledigt. Brot in Form von Plätzchen, Lebkuchen und Salzstangen aller Art, Spiele als Mensch-ärgere-Dich-nicht-Marathon im Wechsel mit Schneemannbau im Vorgarten.

Ich habe also tatsächlich keinen besonderen Plan, nur kurz einen Freund in der Stadt treffen. Ihn und eine mir unbekannte Studentin, die über ihr Praktikum in seiner Firma eine Arbeit geschrieben hat. Deutsch ist nicht ihre Muttersprache und sie braucht eine möglichst gute Note. Ob ich mir das ansehen und ein bisschen korrigieren könnte, hat mich der Freund gefragt. (Er meint es wirklich gut mit seiner Praktikantin.)

„Gerne", habe ich geantwortet, ich habe ja noch ein paar Ferientage und durchaus ein bisschen Zeit.

Also haben wir uns zu dritt im *Mephisto* verabredet, ein Café mit Kino, oder ein Kino mit Café, wie man will. Jedenfalls unser Lieblingstreffpunkt in Augsburg.

Früh, schon um halb sechs, weil beide nachher ihr großes Familiensilvesteressen haben. (Nein, nicht zusammen, jeder mit seiner Familie.) Der frühe Termin ist gut, stellt sich heraus, wegen Silvester gibt es abends keine Filme. Die letzte Vorstellung ist gleich zu Ende, danach wird das Café bald schließen.

Wir hätten zwanzig Minuten, meint die Kellnerin mittelfreundlich, als sie uns die zwei Bierchen bringt. Sicher hat sie auch eine Party, oder zumindest ein Familienessen.

Keine Panik, uns genügt das völlig, für die Manuskriptübergabe, für eine kurze Besprechung. Und für die Bierchen sowieso. Allerdings ist die Studentin noch gar nicht da. Aber da machen wir uns eigentlich keine Sorgen. Sie will ja die gute Note, die kommt bestimmt noch. Prost! Wir stoßen an und erzählen uns ein paar Weihnachtsanekdoten.

Außer uns und der Kellnerin sind nur zwei Leute im Café. Der Chef dieser wunderbaren Institution, ein schwergewichtiger Mann mit meist rotem Kopf und Nickelbrille. Ich kenne ihn vom Sehen,

POP CORN

er sitzt oft selbst im Café bei einem Glas Wein (meist auch rot), und vor Premieren hält er manchmal höchstpersönlich eine kurze Rede im Kinosaal. Im Moment ist er, mit einem Kuli zwischen den Zähnen und einem Taschenrechner in der Hand, in eine ganze Menge Papiere vertieft.
Klar, denke ich, Silvester, Bilanz, Endabrechnung.
Ansonsten sitzt nur noch ein Gast da. Eine ältere, ebenfalls ziemlich dicke Frau, in einen ebenfalls ziemlich dicken Wintermantel verpackt. Sie sitzt drei Tische weiter, leicht erhöht auf der flachen Bühne, wo abends manchmal kleine Jazzcombos spielen.
Sie hat kein Getränk vor sich, nur eine Tüte Popcorn von der Kinokasse. Popcornmäßig hat sie da einiges vor, denn das Ding vor ihr ist eigentlich keine Tüte, schon eher ein Sack. Ein Verpackungsformat, das ich sonst eigentlich nur von Kartoffeln oder Blumenerde kenne.
Der Sack ist so voll, als hätte sie den Film noch vor sich. Aber es kommt ja keiner mehr, fällt mir ein. Offenbar gehört sie zu den wenigen Leuten, die zu ihrem Popcorn nicht unbedingt einen Kinofilm brauchen.

Na ja, wie auch immer, das ist also die Szenerie: Silvesternachmittag, gegen 18 Uhr, ein Kino-Café, das bald schließt. Ein Freund und ich, jeweils ein Bier. Eine schlechtgelaunte Kellnerin. Eine Studentin, die noch gar nicht da ist. Ein schwer kalkulierender Kinoboss. Eine Frau mit Popcornvorrat.
Geräuschkulisse: Klirren (Biergläser), Knistern (Popcorn), Piepsen (Taschenrechner). Von draußen Autos, schneegedämpft.

Okay. Wenn Sie sich (oder mich) jetzt fragen, was das Ganze bitte mit dem Thema *Vom Nutzen des Fußballs* zu tun hat, dann muss ich zugeben: Die Frage ist völlig berechtigt. Wie bitte soll von dieser Szene ein Weg zu diesem Titel führen? Absolut unmöglich, oder? Weit und breit nichts, aber auch gar nichts, was irgendwie mit Fußball zu tun haben könnte. Auch kein Gesprächsthema. Der FC Augsburg spielt zwar überraschend gut in der Bundesliga, hat aber Winterpause. Außerdem ist der Freund alles andere als ein Fußballfan. Und doch wird Fußball schon in wenigen Sekunden eine wichtige Rolle spielen. Ich will nicht sagen lebenswichtig, aber fast.

Denn genau in diesem Moment kommt plötzlich Leben in die Szene. Nein, nicht die Studentin. Die ist immer noch nicht da. Aber die Popcorn-Frau macht den Sack zu, steht auf und will offenbar gehen. Sie braucht ja keinen Film, und das Popcorn ist *to go.*

Aber kaum ist sie aufgestanden, passiert es auch schon. Mit der vollen Popcorntüte vor der Brust hat sie die Stufe übersehen. Sie stolpert, versucht sich zu halten, macht einen Satz nach vorne.

Die Stufe, das sind gerade mal so 25 Zentimeter. Aber durch diesen Höhenunterschied bekommt ihr Körper plötzlich Schwung, Energie. Offenbar zu wenig, um sofort zu stürzen, aber auch zu viel, um einfach stehen zu bleiben.

So macht die gute Frau – wie in Zeitlupe – Schritt für Schritt, fällt nicht, hält nicht ... und kommt langsam auf uns zu. Das heißt, nicht genau auf uns, sondern auf die Glaswand neben uns. Den Sack mit dem Popcorn hält sie immer noch fest umklammert, nur einzelne fallen heraus, wie Schneeflocken.

Mein Gott, das gibt's doch nicht!, denke ich. Die muss doch endlich anhalten, oder hinfallen, aber so kann das ja nicht weitergehen!

Tut es aber, noch ein Schritt und noch einer. Sie hat schon fast den ganzen Raum durchquert. Ich höre den Taschenrechner piepsen, auch der Kinoboss sieht jetzt auf. Kuli im Mundwinkel.

Halt! Stop!, schreit es in mir. Mensch! Da kommt doch gleich die Glaswand!

Eigentlich absolut unmöglich, rein physikalisch, kräftemäßig, dass da jemand in einem Café aufsteht, um drei Sekunden später in eine gut fünf bis sechs Meter entfernte Glaswand zu donnern. Einfach so, ohne Schubs, von allein. Kein Hinterhalt, keine Sabotage, nichts. 25 Zentimeter Höhenenergie und der Rest Trägheit der Masse.
Die Frau ist inzwischen auf meiner Höhe, immer noch völlig ungebremst. Die Glaswand, verdammt, die Glaswand!
In diesem Moment springe ich auf, gerade noch zwischen sie und die Wand und reiße die Arme hoch. Ich erwische sie an den Schultern. Ihr Gesicht kommt näher, fast stoßen wir mit den Köpfen zusammen. (Zum Glück haben wir beide keine Kulis im Mundwinkel!)
Aber etwas dämpft den Aufprall. Es knirscht gewaltig, kein Schlag, nur ein Knall. Unser Airbag explodiert, Popcorn fliegt wild durch die Luft, aber die Frau steht plötzlich still, bewegungslos.
Ich halte sie immer noch an den Schultern gepackt. Wir stehen uns dicht gegenüber und sehen uns erstaunt an. Der Boden bedeckt mit einer Schicht Maisflocken. Wie Neuschnee nach einem Wintersturm. Kein Unfall, nichts passiert.

Ja, ja, ich weiß! Ende gut, alles gut, hat aber immer noch nichts mit Fußball zu tun, und mit dem Nutzen schon gar nichts. Stimmt. Nicht auf den ersten Blick. Aber wir halten uns ja nicht nur stumm in den Armen, wir reden ja auch. Sie ist es, die zuerst Worte findet.
„Danke“, flüstert sie, „vielen Dank.“
„Nichts zu danken“, antworte ich, und füge dieser Standardphrase (Achtung! Jetzt kommt’s!) noch verschmitzt hinzu: „Na ja, wissen Sie, alte Torwartreflexe.“
Pfiffige Antwort, finde ich, ziemlich originell in dieser Situation und stimmt ja auch. Aber vielleicht schwer zu verstehen. Für die Frau. In diesem Zusammenhang.

Sie schaut auf meine Arme, die immer noch auf ihren Schultern liegen, schaut auf die Popcornschneedecke unter uns und auf die große Glaswand hinter uns. Dann sieht sie wieder mich an. Schließlich nickt sie langsam.

„Dann ist Fußball ja doch zu was gut."

Murmeltiere

Meine Frau und ich, wir sind ein gutes Team. Wirklich. Wir kennen uns lange, wir kennen uns gut. Ich weiß manchmal exakt, was sie denkt. (Das heißt: Ich glaube zu wissen, was sie denkt.) Und sie errät oft genau, was ich denke. (Sie errät es fast immer, fürchte ich.) Da müssen wir gar nicht viel reden. Da genügt ein Blick, eine Geste. So gut verstehen wir uns.
Natürlich gibt's da ab und zu auch Missverständnisse. Aber wir streiten nicht oft. Und schon gar nicht vor anderen Leuten. Das ist ein Prinzip von uns: streiten ja, aber nie vor anderen Leuten. Das geht wirklich niemanden etwas an.
Wir finden es peinlich, wenn sich andere Leute vor uns streiten. Vor allem Freunde. Befreundete Paare. Ich weiß dann nicht, wo ich hinsehen soll, während meine Frau gerne mit einem resoluten „So ein Blödsinn! Schluss jetzt! Basta!" interveniert. Mit seinen Problemen soll man andere in Ruhe lassen. Finde ich. Finden wir beide.
Nur neulich ... wie soll ich sagen ... na ja ... also neulich waren Wiesners zu Besuch. Genauer gesagt: Sie standen plötzlich vor der Tür.

Samstagabend, kurz vor 18 Uhr.
Wir haben keine besonderen Pläne. Ich sitze auf dem Sofa und freue mich wie jeden Samstag auf die *Sportschau*. Meine Frau liegt mit der Zeitung im Garten und hat gerade etwas von „Kino heute Abend" gesagt.
Ich habe – glaube ich – „Warum nicht?" geantwortet. (Ich reagiere auf die Ideen meiner Frau oft mit einem diplomatischen „Warum nicht?")
Danach habe ich etwas von „ich vorher Spaghetti kochen können" gesagt und meine Frau hat „Warum nicht?" geantwortet. (Sie beantwortet diesen Vorschlag immer mit „Warum nicht?")
Spaghetti kochen und *Sportschau* gucken, das schaffe ich, auch wenn es immer wieder heißt, Männer wären unfähig, zwei Dinge

gleichzeitig zu tun. Ich gehe also in die Küche, um das Wasser auf den Herd zu stellen und die Soße zu machen: Tomatendose, Olivenöl, Knoblauch, Peperoncini. Der Klassiker also.
Da klingelt es.
‚Kannst du bitte hingehen', will ich gerade rufen, aber da höre ich meine Frau schon durch das Küchenfenster: „Hey, das ist ja eine Überraschung!"
„Wir wollen aber nicht stören."
„Ach was, ihr stört überhaupt nicht. Kommt rein!"
„Also gut, aber nur ganz kurz."

Eine Minute später steht meine Frau strahlend in der Küchentür: „Schätzchen, stell dir vor, Wiesners sind spontan vorbeigekommen. Kochst du für vier, bitte? Und holst uns einen schönen Wein?"
Das mit Wiesners muss ich mir gar nicht vorstellen, weil Wiesners schon beide grinsend neben ihr in der Tür stehen und wie aus einem Munde sagen: „Wir wollten aber wirklich nicht stören."
„Gerne, kein Problem", flüstere ich, und werfe noch zwei Hände voll Pasta in den Topf.
Sportschau, Spaghetti und Wiesners, das wird schwer, denke ich. Sehr schwer sogar. Um nicht zu sagen: unmöglich.

So weit, so gut. Zwanzig Minuten später treffen wir uns alle vier im Garten. Meine Frau hat Wiesners inzwischen das komplette Haus gezeigt, während ich den Tisch auf der Terrasse gedeckt und die Getränke geholt habe.
„Liebling, schön hast du das gemacht", sagt meine Frau lächelnd, „gute Idee, heute draußen zu essen. Es wird zwar schon ein bisschen frisch, aber wir probieren es mal. Nachher wollen uns Wiesners noch ein paar Fotos zeigen."
Bester Laune zwinkert sie mir zu.

„Aber klar doch“, murmle ich zurück und bitte unsere Gäste, Platz zu nehmen.

Wir setzen uns, während Wiesners noch einmal betonen, wie peinlich ihnen das ist: hier so einfach am Samstagabend reinzuplatzen, wo wir doch bestimmt ...

Meine Frau und ich sehen uns an, und schütteln dann beide den Kopf.

„Schon gut, schon gut“, sagen wir im Chor und sie fügt hinzu: „Wirklich, wir lieben das, so spontane Aktionen, Überraschungen. Und am Wochenende sowieso.“

Wir haben ja wirklich nichts Besonderes vor. Wiesners beruhigen sich und lassen sich nun widerstandslos die Gläser mit einem Aperitif (Sekt, zur Feier des Tages!) füllen. Ganz nebenbei legt Herr Wiesner einen dicken Umschlag auf den Tisch.

Kurz, es könnte ein angenehmer Abend werden. Freies Wochenende, schönes Wetter (vielleicht schon ein wenig kühl, Frau Wiesner zieht sich ihre Jacke wieder an), nette Leute, leckere Pasta und ein gutes Weinchen.

Und dann das! Meine Frau ... also wirklich, ich muss mich schon sehr wundern.

Das Desaster beginnt mit Namibia. Herr Wiesner hat den Umschlag ... nein eigentlich schon vorher, mit der Pasta. Also, meine Frau ... nein, noch früher: Im Grunde beginnt es schon mit dem Wein. Ja, so war es. Zuerst der Wein, danach die Pasta und schließlich Namibia. Da ist dann alles eskaliert.

Aber der Reihe nach: also, zuerst der Wein.

Nun, der Sekt ist schon bald alle, also hole ich die Weinflasche und den Korkenzieher. Als ich den Korkenzieher gerade ansetzen will, nimmt mir meine Frau die Flasche aus der Hand und sieht aufs Etikett.

„Schatz, haben wir denn nichts Besseres für unsere Gäste?"
„Aber das ist unser Hauswein, Liebling. Den trinken wir doch immer", antworte ich erstaunt.
„Genau deshalb, das meine ich ja, heute sollte es doch etwas Besonderes sein, oder?"
Ich zögere einen Moment.
„Hol doch den Guten von Onkel Toni."
„Den von Onkel Toni? Bist du sicher?"
Sie wirft mir einen Kuss zu, kombiniert mit diesem Zwinkern.
„Ganz sicher. Den Favoriten von Onkel Toni. Da haben wir doch noch eine Flasche."
„Okay. Wie du willst."
Ein bisschen überrascht mich das schon. Ich kann hier vielleicht nicht viel entscheiden, aber der Wein war eigentlich immer meine Sache. Aber bitte.

Drei Minuten später stoßen wir an. Mit der letzten Flasche Rotwein von Onkel Toni.
„Und? Lecker, nicht wahr?", meine Frau sieht unsere Gäste erwartungsvoll an. Beide nicken.
„Interessant", sagt Frau Wiesner und hustet ein bisschen.
„Trocken, sehr schön trocken", findet Herr Wiesner kennerisch.
Meine Frau sieht mich triumphierend an. Das Weinduell hat sie gewonnen.

Nach dem Wein kommt dann, wie gesagt, die Sache mit der Pasta.
„Prima, dann können wir ja mit dem Essen anfangen", sage ich und greife zur Pastazange.
„Mir nicht so viel", sagt Herr Wiesner und streckt mir sofort seinen Teller entgegen. Frau Wiesner kippt noch ein Glas Wasser hinunter und hält dann ebenfalls ihren Teller hoch. Meine Frau bedient sich selbst, saugt gleich ein paar Spaghetti von ihrer Gabel

und lehnt sich dann lächelnd zurück. Aber das ist nur die Ruhe vor dem Sturm.

„Ein bisschen scharf", zischt sie plötzlich, „und viel zu salzig."

„Wirklich?", ich probiere sofort, aber nein, ich finde, die Pasta schmeckt genau wie immer. Ganz normal. Ein bisschen scharf, aber das wollen wir ja so.

„Och, ich finde sie gut so. Ich mag pikant", sagt Herr Wiesner und sieht seine Frau an.

„Na", meint die, „vielleicht eine Idee salzig, aber macht ja nichts."

„Na ja, ich weiß nicht", sagt meine Frau süffisant, „er übt ja ziemlich oft. Nudeln mit Tomatensoße sollte er eigentlich beherrschen." Sie lächelt mich an.

„Er macht ja im Grunde nie etwas anderes als Nudeln mit Tomatensoße. Stimmt's, Liebling?"

Sie legt ihre Hand auf meinen Arm, den ich sofort zurückziehe. Ich mag das überhaupt nicht. Weder das Thema noch dieses ‚Stimmt's Liebling' noch diese tätschelnde Hand auf meinem Arm.

Ihre Hand verschwindet, landet aber im nächsten Augenblick auf meinem Kopf. Sie streichelt mir durch die Haare. Das mag ich noch weniger. Nicht in diesem Zusammenhang.

„Halb so schlimm", flötet sie, „kann jedem mal passieren."

Mein Gott, das nervt. Das nervt wirklich. Und so daneben scheint die Pasta gar nicht zu sein. Kurze Zeit später sind nämlich die Teller leer. Nicht nur meiner, auch der von Herrn Wiesner, und der von Frau Wiesner fast.

Zum Glück sind wir auch bald bei einem anderen Thema. Herr Wiesner hat sich die Finger abgewischt und greift nun nach seinem Umschlag. Die Wiesners waren über Ostern in Namibia, und Herr Wiesner hat also zufällig ein paar Fotos dabei.

Ob uns das wirklich interessiere, fragt er noch einmal höflich.

„Natürlich, sehr", versichern meine Frau und ich, für einen Moment wieder harmonisch synchron.

Die Bilder sind wirklich großartig: Herr Wiesner zwischen Elefanten bei Sonnenaufgang, wilde Löwen hinter Frau Wiesner bei Sonnenuntergang.
„Wie Hemingway“, bemerke ich, und Herr Wiesner nickt stolz.
„Wie Mogli“, meint meine Frau, und Frau Wiesner nickt stolz.
Wirklich toll, sehr eindrucksvoll. Dazu genaue Erklärungen und Kommentare von Wiesners. Manchmal sie, meistens er. Das mit den Elefanten war ein Mittwochmorgen mitten in Swilibali (oder so ähnlich), das mit den wilden Löwen am Ostersonntag südlich von Aligadiro. Interessant, wirklich sehr interessant.
Aber irgendwann sagt meine Frau plötzlich: „Wie wunderschön! Wir machen leider nie so etwas. Schade. Wir fahren immer nur auf den Campingplatz in die Bretagne, oder mieten ein Häuschen in der Toskana. Langweilig, richtig langweilig.“
„Moment mal“, sage ich überrascht, „du willst doch immer nur nach Italien oder Frankreich.“
„Ich wollte“, verbessert mich meine Frau, „das war vielleicht früher so. Aber jetzt ... mal ein bisschen Abwechslung, so was Exotisches, das wäre schon mal schön.“
Ich glaube, ich höre nicht richtig!
„Aber Liebes, du sagst doch die ganze Zeit, dass du keine Lust hast auf so lange Flüge, und auf Dschungel und Wüste schon gar nicht! Du bräuchtest Kultur, sagst du immer ...“
„Aber Schätzchen, Kultur gibt’s ja wohl nicht nur in Italien und Frankreich, oder? Ganz im Gegenteil! Inzwischen ... ich meine ... schau dir doch ...“
Jetzt reicht’s aber! Ich unterbreche meine Frau, das tue ich nur ganz selten.
„Aber genau das hast du doch immer verspottet: diese Angeber, die um die halbe Welt fliegen, um sich dann mit irgendwelchen Tempeln und Palästen fotografieren zu lassen. Lächerlich hast du das gefunden, total lächerlich!“

Okay, das war doch ein bisschen heftig, obwohl ich mich sogar noch zurückgehalten habe. Statt ‚Tempel und Paläste' wollte ich eigentlich ‚Affen und Giraffen' sagen, aber die hält Herr Wiesner ja gerade in der Hand. Das wäre doch zu unhöflich.

Es ist Frau Wiesner, die die Situation zu retten versucht.

„Aber Sie könnten doch einen Kompromiss schließen. Vielleicht Pfingsten ein bisschen was Exotisches, Peru oder Thailand oder so, und im Sommer dann eine gemütliche Villa am Mittelmeer."

Meine Frau sieht sie ein paar Sekunden an und kneift die Augen zusammen. Kein gutes Zeichen, ich kenne das.

„Toller Vorschlag, Frau Wiesner, aber Sie haben da eine Kleinigkeit übersehen: Ich bin keine Ärztin und mein Mann ist auch kein Rechtsanwalt, sondern Lehrer. Verstehen Sie? Lehrer! Wissen Sie überhaupt, was das heißt: Lehrer?"

Beide Wiesners zucken zusammen. Ziemlich synchron.

„Nein", sagen sie, „nicht wirklich ..."

Einen Moment glaube ich, dass sich meine Frau beruhigt. Aber sie ist noch nicht am Ende. Noch lange nicht.

„Und wissen Sie was? Die letzten beiden Jahre haben wir es nicht einmal bis nach Italien geschafft."

„Was! Nicht einmal bis nach Italien?", ruft Frau Wiesner erschrocken.

„Aber wohin denn dann?", stottert Herr Wiesner betroffen.

Meine Frau dreht sich zu mir.

„Komm, Liebling, sag du's ihnen. Wo waren wir?"

Was soll das jetzt? Ist das ein Verhör?

„Die letzten beiden Jahre?"

Na warte, denke ich. Ich habe da gar keine Probleme.

„Letzten Sommer waren wir an der Nordsee, und dieses Jahr waren wir in Kufstein, also in Österreich ... na und?"

Meine Frau grinst triumphierend. Wiesners sehen mich nun beide entsetzt an. Er nickt, sie schüttelt den Kopf.

„Sehen Sie, so ist er. So ist das bei uns“, sagt meine Frau leise.
„Ich verstehe dich nicht. Ich finde das unfair“, flüstere ich, „dort sagst du immer, dass dir das gefällt und jetzt das, vor allen Leuten ...“
„Sorry“, sagt meine Frau, „einmal muss es doch gesagt werden, oder?“
Unglaublich! Einfach unglaublich! Aber in diesem Moment habe ich eine Idee.
„Und ob es dir gefallen hat!“, brülle ich. „Ich kann das sogar beweisen. Ich habe Fotos, Hunderte von Fotos. Von unseren Wanderungen, von unseren Besichtigungen. Und jedes Foto ein Beweis! Dass dir das alles gefällt, dass du glücklich bist! Und wie!“
Ich springe auf und sehe beiden Wiesners abwechselnd in die Augen.
„Jetzt sofort werde ich sie holen, sämtliche Bilder, und meine Frau wird Ihnen die Geschichten dazu erzählen. Geschichten vom Glück. Vom Glück in Cuxhaven und vom Glück in Kufstein.“
„Du spinnst wohl“, empört sich meine Frau, „du willst doch unsere Gäste jetzt nicht mit diesen öden Ausflugsfotos langweilen.“
„Warum nicht?“, schreie ich, „auch über Österreich geht die Sonne auf, und auch in der Nordsee geht sie wieder unter.“
Meine Frau schüttelt nur noch den Kopf und flüstert schulterzuckend zu den Wiesners: „Sie müssen entschuldigen. So habe ich ihn wirklich noch nie ...“
„Gut“, brülle ich weiter, „vielleicht ohne Löwen und Elefanten, aber dafür haben wir Pinguine und Murmeltiere. Murmeltiere, erinnerst du dich, Schatz, die Murmeltiere von Kufstein?“
„Ich bitte dich“, fleht meine Frau, „das ist doch geschmacklos! Wir haben Gäste ...“
„Genau deshalb“, entgegne ich und wende mich wieder den Wiesners zu.

„Herr und Frau Wiesner, darf ich Ihnen die Bilder zeigen? Wunderschöne Aufnahmen! Meine Frau mit Pinguinen, meine Frau mit Murmeltieren, echten Murmeltieren ..."
Herr Wiesner sieht auf die Fotos in seinen Händen, zögert.
„Na ja, warum nicht?"
Frau Wiesner steht auf und sieht ihren Mann streng an.
„Ich glaube ... wissen Sie ... es wird schon ein bisschen kühl hier, und es ist ja auch spät, wir haben Sie schon viel zu lange aufgehalten und wir wollten ja eigentlich nur, und wir müssen noch ... also, wir gehen jetzt besser."
„Wirklich?", sagen ich und meine Frau gleichzeitig, „ich meine, wollen Sie nicht ...?" (Auch das sagen wir gleichzeitig.)
„Nein danke", antwortet Frau Wiesner und steht schon an der Gartentür.
„Ein andermal sicher", sagt Herr Wiesner, packt seine Fotos in den Umschlag und lobt noch einmal die Pasta und den Wein und – sozusagen präventiv – schon mal meine Fotos.
Kopfnicken und Händeschütteln, dann sind sie weg.

Meine Frau sieht noch einen Moment durch das Wohnzimmerfenster. Dann kommt sie – mit einem leichten Seufzer – zurück auf die Terrasse und setzt sich an den Tisch.
„Ist noch Pasta da, Liebling?"
„Klar", sage ich, „ich hol dir was aus der Küche."
„Danke, Schatz, und bring unseren Wein wieder raus."
„Sowieso. Soll ich die Gläser ausspülen?"
„Nee, nicht nötig", antwortet sie und kippt unsere beiden Gläser über dem Rasen aus. Zuerst die Gläser, dann die halbvolle Flasche von Onkel Toni.
„Weg damit", flüstert sie, „grauenhaftes Zeug. Der Sekt übrigens auch."

„Kein Wunder, der stand auch schon ein paar Tage offen im Kühlschrank."

Ich bringe die Teller mit der Pasta, dazu unseren Hauswein. Wir stoßen an, sehen uns dabei tief in die Augen und trinken.

„Herrlich", sagt sie und wickelt sich ein ganzes Bündel Spaghetti auf die Gabel.

„Deine Pastanummer war wirklich gut. Richtig fies", sage ich.

„Findest du? Ist mir aber echt schwer gefallen. Die sind so lecker, besser denn je."

Sie blickt auf die Uhr. „Wann sind sie gekommen?"

„So um sechs, glaube ich."

„Jetzt ist es kurz nach sieben. Eine gute Stunde. Das geht ja noch."

„Finde ich auch. Als ich den dicken Umschlag mit den Fotos sah, dachte ich schon, die werden hier übernachten."

„Und das war noch nicht alles. Die hatten sogar noch ein Laptop im Auto. Mit 350 weiteren Fotos."

„Wirklich?"

„Ja. Hat er mir im Wohnzimmer erzählt, als du noch in der Küche warst."

„Gut, dass ich das nicht gewusst habe."

Sie legt lächelnd ihre Hand auf meinen Arm.

„Aber das mit Nordsee und Österreich war auch echt klasse. Wie bist du denn darauf gekommen?"

„Keine Ahnung. Einfach so. Frei improvisiert. Aber du hast ja gesehen: So ein bisschen Ehestreit allein genügt gar nicht mehr. Heutzutage muss man bei diesen Leuten richtig zum Gegenangriff übergehen. Attacke, volle Kanone. Dabei ..."

Ich überlege einen Moment.

„Was denn, Liebling?"

„... dabei geht die Sonne vielleicht gar nicht über der Nordsee unter, zumindest nicht in Cuxhaven, und Murmeltiere gibt's in Kufstein wahrscheinlich auch keine."

Meine Frau nimmt die Hand von meinem Arm und streichelt mir durchs Haar.
„Egal. Völlig egal. Die waren sowieso noch in Namibia. Obwohl ... was machst du eigentlich, wenn sie die Bilder wirklich sehen wollen?"
Ich beuge mich vor und gebe ihr einen Kuss.
„Dann finde ich sie einfach nicht. Und erzähle alles umso umständlicher, ausführlicher und plastischer."
Sie gibt mir den Kuss zurück und sieht noch einmal auf die Uhr.
„Herrlich. Jetzt haben wir sogar noch alle Zeit der Welt. Willst du noch bisschen *Sportschau* gucken?"
Ich nicke selig.
„Prima. Dann werde ich noch in aller Ruhe ein Bad nehmen."
Ich nicke einfach selig weiter.
„Und um halb neun gehen wir dann ins Kino", bestimmt sie und gibt mir noch mal einen Kuss, „und sag jetzt bitte nicht: warum nicht?"
„Warum ni... äh, gerne, Liebling, sehr, sehr gerne."
Lächelnd schenkt sie noch einmal beide Gläser voll, steht auf und geht mit ihrem Glas und der Zeitung nach drinnen.
Ich nehme einen Schluck und sehe ihr hinterher.
Meine Frau und ich, wir sind ein gutes Team. Wirklich.

Die Terrasse

Als Deutscher kann man sich im Ausland ja einiges anhören. Über Deutschland und die Deutschen. Wir sind ernst, fleißig und pünktlich, und wir lieben Regeln, Ordnung und Organisation. In diesen Bemerkungen kann vieles stecken: mal leichter Spott und Unverständnis, mal eher Respekt und Bewunderung. Jedenfalls sind diese Kommentare vor allem eine Feststellung: So ist das halt. Am Mittelmeer dagegen, in Spanien oder Italien zum Beispiel, sei alles ganz anders, höre ich dann. Viel lässiger, entspannter, chaotischer. Auch diese Erläuterungen können ganz unterschiedliche Formen haben, vom stolzen Eigenlob bis zu resignierter Selbstkritik. Aber auch hier gilt: Vor allem ist das alles eine Tatsache.
Über die Vor- und Nachteile dieser so verschiedenen Lebensweisen und Mentalitäten kann man nun herrlich diskutieren, ein fruchtbares Thema voller Theorien und praktischer Beispiele. Ich mache da auch gerne mit, muss ich zugeben. Allerdings frage ich mich manchmal, ob das wirklich so stimmt, das mit diesen fundamentalen Unterschieden. Ich hätte da auch eine Anekdote ...

Also, es ging um die große Terrasse oben auf dem Dach unseres Hauses. Ich war gerade innerhalb von Barcelona umgezogen und wohnte nun mitten in der Altstadt. Eine tolle Lage, allerdings war meine Wohnung ziemlich dunkel.
Kein Problem, beruhigte mich meine Vermieterin, als Ausgleich gebe es oben auf dem Dach eine Terrasse. Die sei nicht nur wunderbar und riesengroß, sondern vor allem „*de la comunidad*“. Und *comunidad* bedeutet: für alle Bewohner des Hauses.
Von diesem Dachterrassenkommunismus hatte ich schon gehört. Offenbar eine alte spanische Tradition: Das Dach ist für alle da. Wie sympathisch demokratisch! Allerdings bedeutet „für alle“ nicht „für alles“, denn im Prinzip beschränkt sich das Benutzungs-

recht darauf, die Wäsche aufhängen zu dürfen. Und lange Zeit wollten die Leute auch gar nichts anderes.
Seit einigen Jahren aber haben die Barceloneser diese Paradiese über der Stadt auch für andere Zwecke entdeckt. Aus den kahlen Terrassen werden immer öfter grüne Oasen und gemütliche Freiluftwohnzimmer, gerne auch mal Tanzflächen für nächtelange Partys. Auch Skurriles kann man erleben: Ich habe da oben schon Leute joggen sehen, selbst Hunde werden dort gerne Gassi geführt. „Terrassenfreiheit" kann also sehr großzügig interpretiert werden. Solange die *comunidad* nichts dagegen hat.

Ich war jedenfalls sehr froh, dass ich schon bald den Terrassenschlüssel bekam. Ans Licht! Sofort stieg ich die Treppe hinauf. Im obersten Stockwerk, direkt unter der Terrasse, schaute eine alte Frau aus ihrer Wohnung. Ich grüßte freundlich und wollte mich gleich vorstellen, aber da knallte die Tür schon wieder zu. Seltsam, dachte ich, aber egal jetzt.
Oben dann ein Schild an der Tür: „Terrasse zwischen 23 Uhr und 7 Uhr morgens nicht betreten!"
Aha! Naja, das war immerhin ein Kompromiss. Bis 23 Uhr, also keine nächtelangen Partys. Der Satz bedeutete aber offenbar auch, dass man die Terrasse tagsüber nutzen konnte: für einen morgendlichen Kaffee, für eine sonnige Siesta, für ein Picknick am frühen Abend.
Erleichtert und neugierig öffnete ich die Tür ... Mein Gott! Was für eine Aussicht! Über den Hafen, über die Altstadt. Wahnsinn! Noch dazu war die Terrasse wirklich riesengroß: bestimmt zehn mal zwanzig Meter. Platz für alle, ich war begeistert. Allerdings fiel mir auch sofort auf, dass alles total sauber und leer war: keine persönlichen Gegenstände, kein Stuhl, keine Sonnenliege, nichts. Seltsam, dachte ich, irgendwie verdächtig.

Auch meine Freunde fanden das seltsam und schenkten mir zum Umzug (ganz selbstlos!) eine halbe Campingausrüstung für die Terrasse: Sonnenschirm, Tisch, vier Klappstühle und eine riesige Kühltasche.

„Sehr praktisch“, meinten sie, „total wetterfest, wir können ... du kannst das dann einfach oben stehen lassen.“

Ich war da angesichts der leeren Terrasse eher skeptisch. Trotzdem nickte ich dankbar. Aber sobald alle gegangen waren, schleppte ich die komplette Garnitur sicherheitshalber runter in meine Wohnung. Vorbei an der alten Frau, die wieder durch den Türspalt glotzte. Nur den Sonnenschirm mit dem schweren Sockel ließ ich oben, schön aufgeräumt in einer Ecke.

Die Freunde hätten diese Vorsicht sicher total spießig gefunden ... und doch war der Sonnenschirm am nächsten Tag tatsächlich weg. Offenbar konfisziert!

Okay, dachte ich, klare Ansage, dann weiß ich Bescheid. Schönsten Dank! Wahrscheinlich denken die, dass ich jetzt auf den Knien um das Ding bettle. Darauf können die aber lange warten! Dazu war ich zu stolz und zu faul (was ja oft dasselbe ist).

Ich bekam den Schirm trotzdem zurück, unverhofft und einige Wochen später. Als ich eines Morgens mit Kaffee und Zeitung auf der Terrasse saß (auf dem Boden, im Schatten einer Mauer), ging plötzlich die Tür auf.

Die Alte!, fürchtete ich schon, aber eine ganz andere und sehr hübsche Nachbarin betrat die Szene mit Sonnencreme und Badetuch. Nachdem wir beide eine Weile gestaunt hatten, hier oben jemanden zu treffen, kamen wir bald sehr nett ins Gespräch, und irgendwann erzählte ich ihr die kuriose Schirmgeschichte.

Ich berichtete ganz vorsichtig, ich wusste ja nicht, auf welcher Seite sie stand. Vielleicht gehörte sie ja auch zu diesen Hausordnungszombies, die hier nachts aufs Dach steigen, um illegale Sonnenschirme zu fressen.

Aber bald musste ich mir da keine Sorgen mehr machen. Lächerlich, fand das die schöne Nachbarin, geschmacklos, einfach unakzeptabel.
Wahrscheinlich habe sich die stumme Alte, die „Hexe", beschwert und der Hausverwalter, der Präsident der *comunidad*, hat dann den Schirm vom Dach geholt. Dass der so reagierte, fand meine Nachbarin absolut verwunderlich und enttäuschend. Sie kannte ihn gut, er war sogar ein Freund von ihr! Sie würde ihn gleich mal anrufen und zur Rede stellen.
Schon toll, dachte ich, ein kleiner Sonnenkaffee am Morgen, und plötzlich hat man eine schöne Komplizin. Ach, übrigens ... Joana.

Jordi, der Präsident des Hauses, rückte das Ding dann tatsächlich ganz schnell heraus. Er hatte es keineswegs als Sperrmüll entsorgt, sondern – sorgfältig verpackt! – in der Hausmeisterkabine im Treppenhaus deponiert.
Er entschuldigte sich sogar, insistierte aber, dass es in so einem großen Haus Regeln geben müsse, und die Terrassenregel besagte klipp und klar, dass man dort oben nichts Privates abstellen dürfe. Während Jordi mir dies sehr höflich und geduldig mitteilte, schien er sich doch ein bisschen zu wundern, dass man ausgerechnet einem Deutschen das so ausführlich erklären musste.
„Wo kämen wir da hin?", appellierte er schließlich an mich und meine teutonische Ratio, „da hätten wir ja bald einen kompletten Flohmarkt auf dem Dach."
Ich nickte solidarisch und einsichtig. Ein bisschen übertrieben vielleicht, aber im Prinzip hatte er da wahrscheinlich recht.
Noch am selben Abend stellte ich den schweren Sockel auf die Straße zum Sperrmüll. (Den Sonnenschirm selbst würde ich dann ab und zu am Strand in den Sand stecken.)
Ab sofort hielt ich mich tapfer an alle Regeln. In meinem Terrassenkorb waren außer den beiden Thermoskannen (blau für Kaffee,

orange für Weißwein) nur ein bisschen Geschirr, ein Handtuch und ein Buch.
Die Hexe spähte zwar nach wie vor misstrauisch aus ihrer Tür, ich gab ihr aber keinen Grund mehr, Alarm zu schlagen.

Trotzdem kam es noch zu einem dramatischen Konflikt. Vier, fünf Monate später, kurz bevor ich wieder auszog. (Ich hatte eine hellere Wohnung gefunden.)
Nein, keine Party oder so was. Bestimmt nicht. Nur eine Bekannte, die mich um einen Gefallen bat. Paula arbeitet beim Fernsehen, sie ist Moderatorin beim Stadtsender *BTV*.
Sie brauchte dringend einen passenden Ort für ein Interview mit einer englischen Band, die bald im *Apolo* spielen würde. Meine Traumterrasse wäre genau die richtige Kulisse! Ob sie da nächste Woche kommen könnten? Möglichst vormittags, insgesamt so fünf Leute, also zwei oder drei Musiker, sie und die Kamerafrau. Etwa eine Stunde, höchstens neunzig Minuten.
Ich sagte sofort zu. Tolle Idee! Und wenn sie noch einen Dolmetscher bräuchten, könnte ich mich gerne auch nützlich machen. Paula war begeistert und wir machten gleich einen festen Termin aus: Donnerstag, 9 Uhr.
Super, freute ich mich, wieder mal ein spannendes Projekt!
Ich hätte auch gerne gleich Joana Bescheid gesagt, aber die machte gerade irgendwo Urlaub. Schade, sie wäre da sicher gerne dabei gewesen.
Natürlich dachte ich auch kurz an Jordi, die Hexe und den Sonnenschirm. Aber alles easy, kein Problem, fand ich. Ob ich jetzt mit Freunden da oben frühstücke oder eine Kollegin ein Interview macht, wo ist da bitte der Unterschied? Das ist doch wirklich mein Bier! Außerdem hatten wir bereits Juli, Jordi war vielleicht schon längst im Urlaub, die Hexe morgens wahrscheinlich sowieso beim Einkaufen, also bitte, alles ganz entspannt ...

So zwei, drei Tage vorher kamen mir dann doch leichte Zweifel. In der Zeitung las ich einen Artikel über eine britische Band, eine richtig große Nummer in der Londoner Szene. Cool, kultig, independent (offenbar sehr independent!). Erste Spanientournee, zwei Konzerte im *Apolo*, dem Pop-Tempel von Barcelona.
Plötzlich sah ich Paula und mich da oben auf der Terrasse stehen, mit ein paar durchgeknallten Rock-Diven, womöglich inklusive Alkohol und Drogen. Und plötzlich geht die Tür auf ... Jordi und die Hexe.
Ganz ruhig bleiben, sagte ich mir, jetzt nicht gleich den Teufel an die Wand malen! Rückzieher in letzter Minute? Nein! Verdammt! Kommt gar nicht in Frage! Ich wohne hier, ich habe ein Recht auf die Terrasse und ich darf Leute mitbringen! Und diese Leute dürfen sich unterhalten und wenn diese Unterhaltung gefilmt wird, dann ist das unsere Sache. Okay?
Trotzdem hätte ich am liebsten noch mit Joana gesprochen und sie als Verstärkung zu unserer Aktion eingeladen. Aber sie war leider immer noch unterwegs. Ausgerechnet jetzt!
Dann vielleicht doch ein kleines Schreiben an die *comunidad*, sicherheitshalber?
Ja, wohl besser. Aber nicht als Frage oder Antrag. Dafür war es sowieso schon zu spät. Nein, als Mitteilung, als Information an Jordi: dass ich ihm als Hauspräsidenten korrekterweise kurz Bescheid sagen wolle usw.
Zugegeben, meine E-Mail war dann weder sehr korrekt noch kurz: Ich reduzierte das Team (eine Reporterin, ein Musiker, ich) und die Dauer (maximal eine halbe Stunde) und änderte auch die Musikrichtung (Fusion, Jazz). Ach ja, und von Briten sagte ich auch nichts.
Dagegen betonte ich den Fernsehsender (*Barcelona TV*), um der Sache einen soliden und offiziellen Charakter zu geben. Damit

appellierte ich gleichzeitig an Jordis Lokalpatriotismus, den ich aus unseren kurzen Unterhaltungen deutlich herausgehört hatte.
Mein Schreiben, aus dem ein euphorischer Appell zu mehr Freiheit und Brüderlichkeit geworden war, endete mit dem Resümee, dass es schon eine große Ehre wäre, dass ausgerechnet unser Haus für dieses Event ausgewählt worden sei.
Ein ziemlich schlauer Text, fand ich, auch gutes Timing. Genau zwei Tage vorher. Rechtzeitig und doch kein Spielraum für Widerstand. Nicht gegen ein so offizielles Kulturprojekt von so öffentlichem Interesse.
Ich war trotzdem sehr gespannt. Dienstag, Mittwoch ... bis zum späten Nachmittag: nichts von Jordi. Keine Reaktion.
Prima, dachte ich erleichtert, ist ihm wahrscheinlich völlig egal. Peanuts. Wenn er meine Mail überhaupt gelesen hat.
Bester Laune ging ich abends aus. Um 21 Uhr ein Konzert mit Freunden. Nein, kein Rock im *Apolo*, sondern Klassik im *Auditorium*: Bach-Sonaten, die Ruhe vor dem Sturm ...

Genau um diese Zeit ist Jordis Mail gekommen. Ich las sie erst nach Mitternacht, als ich nach dem Konzert und einer Cocktailbar zurückgekommen war.
Jordis Antwort war höflich, sachlich, ausführlich und gut formuliert. Kurz: Mein Vorhaben, das gehe natürlich auf gar keinen Fall. Völlig unmöglich. Zu dieser Art von „außerplanmäßiger Terrassennutzung“ sei in jedem Fall die „schriftliche Zustimmung“ einer „qualifizierten Mehrheit der Wohnungsbesitzer“ nötig.
Er habe sogar noch den Versuch unternommen, die Besitzer zu kontaktieren. In diesem viel zu kleinen „Zeitfenster von ca. 48 Stunden“ sei aber eine „protokollgerechte Konsultierung“ nicht realisierbar gewesen.

Die wenigen Antworten, die einige Besitzer freundlicherweise so kurzfristig gegeben hätten, könnten weder als repräsentativ gelten, noch ließen sie eine klare Tendenz erkennen.
Als Hauspräsident empfehle er dringend, in solchen Fällen das nächste Mal den schriftlichen Antrag mit einer Frist von mindestens sechs Wochen zu stellen.
Jordis Antwort endete mit dem Hinweis, dass für die „kommerziell-mediale Nutzung" der Terrasse in jedem Fall auch eine „entsprechende Zahlung" an die *comunidad* zu leisten sei.

Wirklich: eine sehr klare Argumentation, kein Zentimeter Spielraum für mögliche Interpretationen. Keine Chance. Und keine Zeit. Ich las das Ding nachts um halb eins, der Termin war um neun Uhr früh. Eine dieser grausamen Konstellationen, wo es einfach mal keinen Ausweg gibt. Gnadenlos. Man würde gerne rufen: ‚Hey, ich habe es doch nur gut gemeint, versteht ihr? Ich wusste doch nicht ... ich wollte doch nur ...' Aber niemand hört dich. Keine Antwort, keine Lösung, keine Erlösung.
Das sind diese Momente im Leben, wo man gerne unsichtbar werden möchte, einfach verschwinden, spurlos, vom Boden verschluckt. Ich glaube, diese Situation hätte ohne Weiteres ein solcher Augenblick sein können. Ich wäre dagesessen, hoffnungslos, verzweifelt. Was für ein Horror vor der langen Nacht, was für ein Grauen vor dem frühen Morgen.
Wenn nicht, also wenn ich nicht ... na ja, das muss ich jetzt natürlich auch noch erzählen ... Also: Als ich an diesem Abend nach Hause gekommen war, hatte ich, noch bevor ich die Mails checkte, auch kurz den Anrufbeantworter abgehört.
Die erste Nachricht war von Joana: Sie käme morgen Nachmittag aus dem Urlaub zurück, ob ich sie schon vermissen würde.
Allerdings, dachte ich, und wie! Wenn du wüsstest!

Es folgten noch zwei unwichtige Meldungen, und dann ... dann plötzlich die schöne Moderatoren-Stimme von Paula:

Es würde ihr furchtbar leidtun, aber das Interview morgen könne nicht stattfinden, die Band ... Verspätung ... Terminprobleme ... Sie könne das Interview erst nachmittags machen und besser direkt im *Apolo*, um Zeit zu sparen. Sie bitte vielmals um Verzeihung wegen des Fehlalarms, sie hoffe sehr, dass sie mir da keine allzu großen Umstände gemacht habe. Vielleicht ja bald mal auf einen Kaffee .... gerne auf meiner Terrasse.